L'Éléphant d'Érica

Sylvia Bishop est une jeune diplômée de l'université d'Oxford. Comédienne, elle fait partie du duo musical et comique, Peablossom Cabaret. *L'Éléphant d'Érica* est son premier livre... Mais Sylvia a déjà en tête des tas d'autres histoires farfelues pour les enfants !

Ashley King est illustrateur et vit dans la région des West Midlands, dans le centre de l'Angleterre. *L'Éléphant d'Érica* est son premier livre illustré pour les enfants. (Et son animal préféré est... l'éléphant !).

Pour mes parents,
avec tout mon amour
et un **TRONK** très sincère!

Ouvrage initialement publié par Scholastic Children's Books,
un département de Scholastic Ltd, sous le titre *Erica's Elephant*

18, rue Barbès, 92120 Montrouge
ISBN : 978-2-7470-7305-9
Dépôt légal : octobre 2017
Première édition

Loi n°49-956 du 16 juillet 1949 sur les publications destinées à la jeunesse.

Sylvia Bishop • Ashley King

L'Éléphant d'Érica

Traduit de l'anglais (Royaume-Uni) par Mim

bayard jeunesse

Premier chapitre,

dans lequel l'Éléphant débarque

L'Éléphant apparut sur le paillasson d'Érica le matin de son dixième anniversaire. À côté du pachyderme, elle découvrit aussi un bout de papier mentionnant qu'elle, Érica Perkins, était la « Propriétaire Légale » de cet Éléphant.

– Mais ce n'est pas la question, de savoir si je suis la Propriétaire Légale de cet animal ! s'exclama-t-elle. Il a été abandonné ici illégalement, et c'est plutôt ça, le vrai problème !

Elle regarda l'Éléphant droit dans les yeux.

– Qui t'a laissé chez moi et pourquoi ?

– **TRONK**, répondit l'Éléphant.

D'après Érica, c'était le genre de **TRONK** qui signifiait : Je ne suis pas le bon éléphant pour te répondre. Je suis perturbé par la vie en général, et par ce paillasson en particulier.

Érica se sentit un peu désolée pour cet Éléphant qui **TRONK**ait devant chez elle, sans pouvoir expliquer pourquoi il était là ou qui l'y avait déposé. Elle lui tapota gentiment la trompe et le fit entrer dans la maison. Il défonça le chambranle de la porte, mais il **TRONK**a si tristement qu'elle n'eut même pas le réflexe de se fâcher. D'autant que ce n'était pas vraiment de sa faute. Cette maison n'était évidemment pas conçue pour un majestueux éléphant comme lui. C'était une maison mitoyenne de deux étages, proche de la côte, avec une belle vue sur la mer, mais... c'était une toute petite maison.

Dans son souvenir, Érica avait toujours vécu là. Au début, elle avait habité avec Oncle Jeff, qui était sa seule famille. Il avait bon fond, mais il était très distrait, et il oubliait en général qu'elle était là. Il travaillait comme ornithologue, c'est-à-dire qu'il était un spécialiste des oiseaux, et par conséquent il ne pensait qu'à eux, aux endroits où il pourrait les observer et au type de jumelles qu'il fallait prévoir pour cela. Toutes les tâches pratiques, comme la cuisine ou le ménage, revenaient à Érica. Alors qu'elle avait huit ans, il était parti chasser un oiseau rare, la fameuse Petite Tourte à Double Crête. Il avait laissé un peu d'argent dans une enveloppe pour qu'Érica puisse tenir jusqu'à son retour, mais voilà : deux ans plus tard, elle était toujours toute seule, et il ne lui restait plus que 30,42 livres. Et bien sûr, pas la moindre nouvelle d'Oncle Jeff !

Et maintenant il y avait un éléphant dans la maison.

– Très bien, dit-elle. Je suppose que le mieux, c'est que tu t'installes dans la chambre d'Oncle Jeff.

– **TRONK**, répondit l'éléphant.

Cette fois, ce qu'il voulait dire n'était pas très clair, mais Érica songea qu'il ignorait peut-être ce que pouvait être une « chambredonclejeff », et qu'il n'était pas certain que ce soit une bonne nouvelle qu'il doive s'y installer. Elle soupira.

Il n'allait sans doute pas être le plus simple des invités...

Pour commencer, elle n'avait aucune idée de ce que les éléphants aiment manger. Tandis que le pachyderme explorait la chambredonclejeff, découvrant quelles parties étaient résistantes et quelles parties faisaient CRAC quand on marchait dessus, Érica chercha quelques informations sur Internet. Elle apprit que n'importe quelle plante ferait bien l'affaire, le chou par exemple – excellent choix ! –, mais qu'il lui en faudrait environ 150 kilos par jour. Vous ou moi, on peut manger, allez... disons 1 ou 2 kilos de nourriture par jour. Cent cinquante kilos de chou, ça fait tout de même pas mal de chou. Érica avait l'esprit pratique. Elle réfléchit aux 30,42 livres qui lui restaient, ainsi qu'au prix du chou, et fit un calcul rapide.

Au premier étage, l'Éléphant avait découvert un miroir et s'était mis à **TRONK**er de terreur. Érica avait déjà poussé un long soupir et, comme

elle avait l'esprit pratique, elle ne vit pas l'intérêt d'en pousser un deuxième. Elle décida donc de sortir dans le jardin pour voir ce qu'elle trouverait comme verdure qui puisse constituer un petit en-cas.

Quand elle revint dans la maison avec un dernier sac rempli d'herbe, laissant la pelouse dévastée, elle s'aperçut que l'Éléphant, épuisé, s'était endormi. Elle déposa la nourriture sur le pas de sa porte et partit se mettre au lit avec un bon livre.

Parfois, c'est la meilleure réponse à apporter aux petits problèmes de la vie.

La pluie tambourinait sur le toit. Ce bruit était normal et même rassurant, et semblait dire qu'il n'y avait rien qu'Érica puisse faire concernant le Chapitre Éléphant tant que la météo était si épouvantable. C'était aussi bien qu'elle reste sous sa couette. Mais soudain, en plus de la pluie, elle distingua le BOUM des pas discrets d'un Éléphant. Les pas se rapprochèrent, puis s'éloignèrent. Elle se leva et ouvrit la porte.

Il y avait un macareux empaillé sur le seuil. C'était un de ces affreux oiseaux empaillés qu'Oncle Jeff conservait dans sa chambre. L'animal était étendu sur le dos, pattes en l'air, un œil de verre fixé sur Érica et l'autre sur l'Éléphant. Comme si, en les regardant tous les deux en même temps, il avait un moyen de comprendre ce qui se passait. L'Éléphant se concentra sur sa trompe et se mit à agiter nerveusement la queue.

– **TRONK** ?

– Je ne comprends pas, dit Érica.

L'Éléphant réfléchit à ce qu'elle venait de dire. Il retourna dans sa chambre, souleva avec sa trompe un des sacs qu'elle avait remplis d'herbe, et le déposa près de l'oiseau. Puis il installa délicatement l'oiseau dans le sac, avant de le pousser aux pieds d'Érica.

– **TRONK** ?

– Oh ! s'exclama-t-elle. Tu m'apportes mon dîner ?

Il hocha la tête, ses oreilles battant l'air.

– Ah.

Ne voyant pas ce qu'elle pouvait ajouter qui ne soit pas impoli ou qui puisse donner l'impression qu'elle n'était pas reconnaissante, elle opta pour un bruit : une sorte de « MIAAAAAAAMMM ». Puis, comme ça n'avait pas vraiment l'air de le rassurer, elle déclara :

– Eh bien... Merci... C'est vraiment très... Merci.

Or, l'Éléphant n'était pas stupide. Il ignorait beaucoup de choses, mais ça n'avait rien à voir avec de la stupidité. Il savait parfaitement que « MIAAAAAAAMMM » et « C'est vraiment très... » ne signifiaient pas qu'Érica appréciait l'oiseau. Légèrement penaud, il prit le sac avec sa trompe et le rapporta dans la chambredonclejeff en poussant un **TRONK** désolé.

– Non, mais vraiment... merci ! lança Érica. Je veux dire... Je ne mange pas ce type de nourriture. Mais c'est vraiment très gentil de ta part !

Elle eut l'impression de l'entendre soupirer, mais, comme elle n'avait jusque-là jamais entendu un éléphant soupirer, elle n'aurait pu le jurer. En tout cas, il ne se montra pas de la soirée.

Le lendemain, Érica trouva une carte postale sur le paillasson. La carte représentait un bâtiment dont les toits de pierre blanche ressemblaient à de grosses boules de glace à l'italienne. Derrière était écrit :

Chère Érica,

Je t'envoie un éléphant ! Il emmenait les touristes en randonnée, mais le pauvre s'est blessé au genou, et il était à vendre pour pas cher. J'espère qu'il te plaira !

Ici tout va bien. Pas le moindre Ouhlalab en vue pour l'instant, mais j'ai quand même aperçu un Sprik Émeraude. Durant les mois d'hiver, ils perdent toutes leurs plumes et partent hiberner dans les montagnes pour réfléchir à des problèmes de maths. Alors, autant te dire que j'ai une sacrée chance d'avoir réussi à en observer un !

Avec toute mon affection,

Ton Oncle Jeff

Taj Mahal, Agra, État de l'Uttar Pradesh, Inde

Érica retourna la carte plusieurs fois, au cas où elle aurait raté le passage où il annonçait son retour à la maison, ou expliquait quoi faire sans argent, ou comment s'occuper d'un éléphant.

Mais la carte postale s'obstinait à ne rien révéler de tout ça. TAJ MAHAL, AGRA, ÉTAT DE L'UTTAR PRADESH, INDE, pouvait-on lire tout en bas, en petites lettres. Ce qui, en soi, n'aidait pas vraiment.

Quand Érica se sentait un peu perdue – et même si cela n'était pas très fréquent –, elle avait l'habitude de marcher jusqu'à la grande jetée pour se changer les idées. Et c'est donc ce qu'elle fit, ses petits pieds claquant sur les pavés puis crissant sur les galets de la plage, tandis que le vent faisait tout son possible pour la faire basculer, exactement comme le ferait un petit frère qui nous agace, mais auquel on est quand même très attaché.

Une fois sur la jetée, elle se pencha par-dessus la rambarde pour regarder les mouvements de la mer. Pendant un long moment, elle ne pensa à rien, puis elle pensa ces trois choses :

1. Quand je suis dans une Situation Compliquée, je suis vraiment soulagée que cet endroit soit à la fois Familier et Réconfortant.
2. Ça doit être atrocement difficile d'affronter une Situation Compliquée quand on se trouve dans un endroit Hostile et Inconnu.
3. Oh. Ça doit quand même être difficile de se retrouver sur un Paillasson Inconnu avec un genou amoché, le tout dans un monde tellement Étrange qu'on ne peut même pas apporter un dîner à quelqu'un sans se ridiculiser.

Après avoir mûri ces trois réflexions, Érica fit un saut à l'office de tourisme. Là, elle bourra son sac à dos de prospectus gratuits, avant de filer retrouver l'Éléphant chez elle. À l'étage, elle le trouva assis à la fenêtre d'Oncle Jeff, la trompe écrasée contre la vitre. Érica toussota. L'Éléphant, décontenancé par cette entrée en matière, toussota lui aussi prudemment.

– Tu aimes la vue ? s'enquit Érica.

Il **TRONK**a très poliment.

– Tu es en Angleterre ! annonça-t-elle.

L'Éléphant cligna des yeux.

– Et ce que tu regardes, c'est la mer.

Érica sortit les prospectus de son sac et les aligna sur le tapis de la chambre, comme si elle installait une réussite.

– On est tout près de la mer. Et pas très loin du Pavillon, où le Prince habitait à l'époque. On pourrait aller le visiter. Même si je ne suis pas très sûre qu'on te laisserait entrer... Enfin, peu importe. Je voulais t'en parler. Regarde, voici un plan du quartier. Et nous, on est là...

Elle désigna le petit gribouillis qui représentait sa rue. Puis elle promena son doigt sur les différents quartiers de sa ville, en s'arrêtant sur les endroits importants pour déplier un prospectus et montrer les photos correspondantes à l'Éléphant. Émerveillé, il effleura de sa trompe les poissons de l'aquarium, la jetée d'un blanc éclatant, et les incroyables petites cabines volantes de la grande roue.

Après avoir parcouru tous les prospectus, Érica sortit un atlas de la bibliothèque pour expliquer où ils se trouvaient en Angleterre, et où l'Angleterre se trouvait dans le monde. La taille du monde et celle de l'Angleterre semblaient intriguer l'Éléphant. Érica l'observa passer du plan de l'Angleterre au plan du monde, et inversement, promenant sa trompe sur les cartes comme s'il essayait de comprendre comment quelque chose de si minuscule sur une page pouvait occuper tout l'espace sur une autre page.

– Ça te dirait, une petite promenade ? proposa Érica. Qu'est-ce que tu aimerais voir ?

L'Éléphant examina les prospectus les uns après les autres. Il était indécis. Par la fenêtre, il regarda la mer scintillante, puis les prospectus, puis Érica, puis le plafond. Et enfin il fit un signe de tête en direction de la fenêtre en poussant un **TRONK** encourageant.

– La mer ? Bien sûr !

Érica et l'Éléphant descendirent l'escalier à

petits pas et à grands bruits, avant de s'élancer sur les trottoirs, d'une démarche légère pour l'une et plus lourde pour l'autre, jusqu'à la plage. L'Éléphant boitait, comme si son genou n'était pas totalement guéri.

C'était une plage de galets, et non de sable. Le vent d'hiver mordait la peau, mais ça n'avait pas l'air de déranger l'Éléphant. De toute évidence, il adorait la mer. Érica lui montra son jeu préféré : patauger au bord de l'eau, attendre qu'une vague vienne rouler à ses pieds, avant de sauter aussi haut que possible pour l'éviter. L'Éléphant se révéla très, très mauvais à ce jeu (les éléphants ne savent pas sauter), mais il s'appliqua à jeter des coups d'œil inquiets à chaque vague, avant de se balancer en poussant un **TRONK** victorieux, comme s'il avait parfaitement accompli l'exercice. Érica sentit qu'elle commençait à vraiment bien l'aimer.

Pour regagner la rue principale depuis la plage, il fallait utiliser un escalier de métal fixé dans le mur, le long du rivage. Érica trébucha sur la dernière marche et tomba. Comme elle avait l'esprit très pratique, elle se releva immédiatement et s'épousseta, mais une vilaine douleur dans la cheville la fit chanceler.

L'Éléphant l'observa, complètement paniqué. Il la regarda claudiquer ainsi quelques mètres, avant de lui barrer le passage en s'agenouillant devant elle.

– **TRONK**. (Il voulait dire : Monte.)

– Hors de question, répondit-elle. Tu as déjà un genou abîmé...

Il battit des oreilles et poussa un **TRONK** courroucé. Pour la première fois, Érica songea qu'il était drôlement costaud, et, l'espace d'un instant, elle prit peur. Mais en réalité il n'était pas en colère après elle. C'est juste qu'il était inquiet pour elle.

– **TRONK**, répéta-t-il fermement, mais plus gentiment. Tout va bien.

Érica grimpa donc sur le dos de l'Éléphant et s'agrippa à lui de toutes ses forces tandis qu'il se

redressait. Ils revinrent à la maison dans un lent balancement, l'Éléphant retrouvant son chemin de son pas lourd et fier, BOUM BOUM, ponctué d'une légère claudication. Il s'arrêtait de temps en temps pour goûter aux haies des jardins. Érica décida qu'elle lui expliquerait plus tard la différence entre un « jardin public » et un « jardin privé ». La journée avait déjà été bien remplie. Par ailleurs, elle savait qu'elle allait devoir aborder un autre sujet, bien plus important, qu'elle n'avait cessé de repousser depuis que la carte postale était arrivée ce matin.

Elle choisit de ne pas en parler tandis que l'Éléphant découvrait son premier journal télévisé (qu'il n'apprécia pas du tout), et elle n'en parla pas non plus en lui montrant comment préparer du thé (ce qu'il apprécia seulement après s'être habitué aux tressautements de la bouilloire quand l'eau bout à gros bouillons). Mais quand elle le vit bâiller, d'un BÂILLEMENT tout à fait énorme, elle sut qu'elle ne pourrait pas éternellement repousser la discussion. Elle attrapa un dernier prospectus resté dans le fond de son sac :

ZOO DU BORD DE MER

Une excursion inoubliable pour toute la famille !

Voilà ce qu'on pouvait lire sur un petit encart, juste au-dessus de la photo d'un lion rugissant, qui appréciait sans doute particulièrement l'excursion lui aussi. Érica posa le prospectus sur la table.

– Je crois qu'il faut qu'on parle, tous les deux, déclara-t-elle.

Bon. Les humains savent bien que la phrase « Je crois qu'il faut qu'on parle » signifie : « Il faut que je t'annonce un truc désagréable. » Cependant, ce n'est pas le cas des éléphants. C'est pourquoi l'Éléphant poussa un **TRONK** curieux, mais pas inquiet.

Érica prit une profonde inspiration.

– Je n'ai pas les moyens de te nourrir.

L'Éléphant la dévisagea avec un intérêt poli.

– Tu comprends ce que je dis ? La nourriture, ça coûte de l'argent. Et je n'en ai pas. Je suis désolée...

L'Éléphant tenta en vain de réprimer un bâillement. Avec son esprit pratique, Érica se rendit compte immédiatement qu'ils allaient y passer la nuit si elle n'était pas plus directe.

– Tu ne peux pas rester ici.

À ces mots, l'Éléphant, choqué, enroula sa trompe et se mit à cligner des yeux. Il regarda Érica. Elle lui rendit son regard. Une mouche qui se baladait sur la vitre s'arrêta net et les regarda à son tour.

– Je suis tellement désolée, reprit Érica. Vraiment. Mais, ici, tu mourrais de faim. Regarde...

Elle lui tendit le prospectus, avant de poursuivre :

– J'ai trouvé un endroit où tu pourrais t'installer. Ils te nourriraient ! Et il y a même un enclos avec plein d'autres éléphants !

L'Éléphant n'avait pas l'air de comprendre.

– Un enclos ? Euh... eh bien, c'est... enfin, c'est un endroit qui peut t'accueillir ! En revanche, tu ne peux pas...

Érica était une fille honnête, mais, là, ce qu'elle avait à annoncer était vraiment compliqué.

– Bon, le principe d'un enclos, c'est que tu ne peux pas le quitter. Mais c'est un *chouette* endroit.

Là, l'Éléphant rabattit une oreille sur ses yeux et refusa de la regarder. Érica entreprit de lui lire le prospectus, mais il resta fermement caché derrière son oreille, bien décidé à ne pas montrer le moindre intérêt pour l'Aire de Jeux des Petits

Aventuriers, ni pour la Merveilleuse Boutique aux Mille Souvenirs. Une fois la lecture terminée, un long silence s'installa.

Érica posa la main sur la trompe de l'Éléphant.

– Je te rendrai visite, dit-elle d'une voix douce. Je te le promets. Je viendrai tous les jours.

Il resta à l'abri derrière son oreille. Mais, de sa trompe, il tapota gentiment l'épaule d'Érica.

– **TRONK**, dit-il.

Et Érica eut l'impression que ça signifiait « Merci ».

Deuxième chapitre,

dans lequel l'Éléphant devient célèbre

Le matin suivant, il y avait un troupeau de gens rassemblés devant la porte d'entrée. Érica les observa depuis la fenêtre de sa chambre, tandis qu'ils parlementaient pour décider qui était le plus apte à sonner et à parler avec elle.

– Eh bien, dit-elle, si eux aussi ont été envoyés par Oncle Jeff, c'est plutôt rude ! Hors de question qu'un seul d'entre eux passe la porte !

Et Érica descendit les escaliers, en faisant de son mieux pour arborer la mine la plus sévère possible. (Franchement, elle se débrouillait pas mal. Elle s'était entraînée avec une chouette empaillée au regard furieux qu'Oncle Jeff gardait dans le salon.)

– Oui ? demanda-t-elle en ouvrant la porte.

Le Troupeau prit un air évasif, s'encourageant à coups de coude, tout en articulant des « euh », ce qui ne constituait pas vraiment une réponse.

– On a appris que tu avais adopté un Éléphant, osa finalement déclarer l'un d'eux.

Érica songea d'abord à répondre qu'elle n'était pas certaine de qui, de l'Éléphant ou d'elle, avait adopté l'autre, que, de toute façon, ils étaient sur le point de se désadopter, et que la question n'avait donc pas lieu d'être. Mais elle songea que, si elle commençait à se lancer dans ce genre d'explication, elle risquait d'avoir envie de pleurer. Et, au fond, cette histoire ne les regardait pas. Donc, elle se contenta de répondre « Oui », tout en continuant à prendre l'air de la Chouette Furieuse.

Cette information sembla redonner du courage au troupeau.

– On peut le voir ? demandèrent plusieurs voix.

Érica ouvrit la bouche pour refuser, parce qu'il est tout à fait inconvenant d'inviter des étrangers à observer, la bouche grande ouverte, quelqu'un qui n'a même pas encore petit-déjeuné. Puis elle se souvint qu'il n'y avait rien pour le petit-déjeuner. Ni céréales, ni chou. Elle pensa aux 30,42 livres, qui constituaient tout ce qui lui restait au monde, et se rappela à quel point l'Éléphant avait été bouleversé quand il avait appris qu'elle ne pourrait pas le garder.

– Attendez là ! ordonna-t-elle au Troupeau. Je vais voir s'il est réveillé !

Elle fonça en haut des escaliers et fit part de son idée à l'Éléphant. Il répondit par un **TRONK** si enthousiaste et puissant qu'elle en vacilla.

Pat-pat-pat, elle redévala les escaliers à toute vitesse.

– Vous allez pouvoir le voir, annonça-t-elle. Mais ce sera trois livres l'entrée !

Le Troupeau ne ronchonna même pas. Ils étaient tous tellement enchantés de voir Un Éléphant Vivant Pour de Vrai ! En un clin d'œil, Érica avait doublé son petit pécule. Ils montèrent à l'étage en tapant des pieds, pour admirer l'Éléphant, qui s'était drapé dans les rideaux de la chambre d'Oncle Jeff, histoire de donner à la rencontre un peu de Solennité. Il se comporta impeccablement, dérobant de sa trompe des objets aux uns et aux autres, avant de les leur rendre gentiment en entendant leurs cris ; il poussa aussi quelques chansonnettes tonitruantes. Bref, chacun eut l'impression d'avoir fait une affaire en donnant ses trois livres !

Une fois le Troupeau parti, Érica fit un saut en ville pour acheter un grand tableau noir, des craies et autant de chou qu'elle pouvait en charrier. Elle apporta tout ça à l'Éléphant, et en profita au passage pour l'aider à se défaire des rideaux (car il trouvait visiblement, et à son grand étonnement, l'affaire bien plus compliquée que lorsqu'il s'était agi de les mettre sur son dos). Puis elle se prépara une tasse de thé, qu'elle sirota assise dans les escaliers tandis que l'Éléphant mâchonnait son chou dans l'entrée.

– Je pense, dit-elle, qu'on a peut-être trouvé une solution. À condition que ça ne te dérange pas ?

– **TRONK** répliqua l'Éléphant.

Il n'était pas évident de le comprendre car il avait la bouche pleine, mais il avait l'air de vouloir dire *Bien sûr que non.*

– J'imagine que, pour les promenades sur ton dos, c'est impossible à cause de ton genou ?

Il s'arrêta de mastiquer et la regarda droit dans les yeux. Il était fâché. Elle se souvint qu'il n'aimait pas qu'elle se fasse du souci pour son genou. Dignement, il se remit à mâcher, une feuille de chou pendouillant de sa bouche. Il avait décidé d'ignorer cette question. Elle inscrivit donc sur son tableau :

Découvrez l'Incroyable Éléphant !
Simple visite – 3 £
Petit tour sur son dos – 6 £

Et elle dessina l'Éléphant juste en dessous. Il fut ravi de découvrir son portrait ! Puis Érica disposa le tableau contre la façade de la maison. Le résultat était assez étrange, entre deux pots de géraniums ennuyeux accrochés aux fenêtres. Rien à part ce panneau n'indiquait que dans cette maison vivaient une petite fille seule et un éléphant.

Ensuite, ils attendirent.

Et attendirent.

Et attendirent encore, mais cette fois avec un peu moins d'enthousiasme. Bientôt, le ventre de l'Éléphant se mit à gargouiller, rappelant à Érica qu'elle ne lui avait donné qu'une partie du chou dont il avait besoin.

Puis la pénombre s'installa dans le salon, à mesure que la nuit tombait. Érica et l'Éléphant n'osaient plus se regarder. Manifestement, ils avaient tout faux. Personne n'était intéressé par le fait de voir une fillette et son éléphant affamé.

Aucun des deux ne voulait être le premier à dire « Bon, on va se coucher ? », alors ils restèrent là, tandis que le ciel dehors s'assombrissait et que la ville basculait dans le silence. L'Éléphant avait le dos collé au radiateur et Érica avait le dos collé à l'Éléphant. Lorsque l'estomac de l'Éléphant se mit à gargouiller, Érica ressentit ce gargouillis jusque dans ses propres os. Et, même si elle avait l'esprit très pratique, elle trouva ce bruit tellement triste qu'elle laissa échapper un petit sanglot.

Il était tard quand ils se réveillèrent le matin suivant. Ce qui les tira du lit, ce fut le bruit d'un Troupeau impatient qui tambourinait à la porte d'entrée. Érica jeta un œil par la fenêtre et poussa un cri de surprise et de joie. Une longue file s'étirait sur le trottoir !

C'était le moment d'être efficace ! Érica sauta dans ses habits les plus chics et attrapa un seau pour collecter les pièces, tandis que l'Éléphant insistait pour s'enrouler à nouveau dans les rideaux et s'admirer dans la glace.

– On va devoir les faire passer par groupes de dix ! s'exclama Érica en cherchant sa brosse à cheveux. On peut s'installer dans le jardin, puisqu'il ne pleut pas, et tu pourras les promener sur ton dos. De petites promenades, hein ? On va dire dix tours de jardin pour chacun. Si tu peux éviter de piétiner les fleurs, ce serait super !

Érica descendait les escaliers tout en continuant de donner ses indications :

– Tu es prêt ? Très bien ! Alors, va dans le jardin, pendant que je les accueille !

L'Éléphant passa par la porte de derrière en trottinant maladroitement, les rideaux formant une traîne à sa suite. Érica se précipita à la porte d'entrée, qu'elle ouvrit enfin. Et le spectacle commença.

L'information avait mis du temps à circuler, mais à présent la file d'attente semblait interminable ! Les visiteurs ne cessaient d'affluer. Érica devait vider régulièrement son seau, dès que les pièces l'alourdissaient trop. Il y avait des touristes, mais aussi des gens du coin, des jeunes et des vieux, des audacieux et des timides. Un garçon

prit tellement peur en découvrant l'Éléphant qu'il courut se réfugier en haut du pommier. Il observa la scène de là-haut, totalement paniqué.

À midi, des messieurs qui travaillaient arrivèrent en costume, avec des sandwichs et du café. L'Éléphant s'amusa à nouer et dénouer leurs cravates avec sa trompe (c'était tellement épatant que même Érica applaudit). Il ébouriffait leurs cheveux, volait leurs téléphones portables quand ils s'apprêtaient à passer des Coups de Fil Importants.

Érica servit une citronnade à tout le monde, et organisa les tours de promenade. L'Éléphant était aux anges de pouvoir à nouveau faire grimper des gens sur son dos. Il boitillait un peu, mais ça ne dérangeait personne.

Alors que c'était le tour des dix dernières personnes de la journée, Mademoiselle Pritchett la Voisine d'À Côté apparut derrière la clôture. C'était une petite dame très vieille, et, pour que son nez dépasse de la barrière, elle devait d'abord grimper sur une boîte. On avait l'impression qu'elle n'était pas là, et l'instant d'après, hop ! son petit visage aux sourcils froncés se matérialisait ! Érica pensait toujours aux pantins qui jaillissent des boîtes quand elle la voyait surgir sans prévenir, pour rabrouer Oncle Jeff sur n'importe quel sujet ou pour poser des questions qui ne la regardaient pas.

– Bonjour, Mademoiselle Pritchett, dit Érica.

– Bonjour, répondit Mademoiselle Pritchett sur un ton peu amène. Peut-on savoir où donc tu es allée chercher cet Éléphant ?

– C'est Oncle Jeff qui me l'a envoyé, se défendit Érica, même si ce qu'elle avait en tête était plutôt du genre : « Et peut-on savoir où donc vous êtes allée trouver un nez pareil, que vous fourrez toujours dans les affaires des autres ? »

En entendant le nom d'Oncle Jeff, le regard de Mademoiselle Pritchett se fit encore plus perçant et sévère.

– Eh bien, arrête de parader ainsi ! Quelqu'un

va finir par prévenir la Mairie ! Ou appeler la police !

« Vous voulez surtout dire que c'est vous qui pourriez bien appeler la police », songea Érica. Mais elle se contenta de rétorquer :

– On va faire en sorte de ne déranger personne...

– Ça n'a aucune importance que vous dérangiez ou non les autres, siffla Mademoiselle Pritchett. Les gens ont l'habitude qu'on les dérange pour des tas de broutilles idiotes ! Ce qui est problématique, c'est surtout que tu aies un Éléphant dans ta maison !

Érica fit en sorte de se grandir le plus possible.

– J'ai bien peur que ce soit aussi sa maison à lui, désormais ! déclara-t-elle. Raison pour laquelle il va y rester !

Et, sans laisser le temps à Mademoiselle Pritchett de poursuive ses élucubrations, Érica se hâta de rejoindre les visiteurs, qui bavardaient ensemble, pour les raccompagner à la sortie du jardin. Elle ne prêta pas attention aux grommellements et divers grognements qui s'échappaient de l'autre côté de la barrière.

Une fois rentrée dans la maison, Érica ferma la porte et n'entendit plus Mademoiselle Pritchett. Mais il n'était pas si facile d'ignorer cette petite voix intérieure qui lui disait que la vieille voisine risquait de les dénoncer. Ayant l'esprit très pratique, Érica commença à échafauder un plan. Elle en informa l'Éléphant :

– Demain, on ira à la plage. Tu pourras promener les gens sur le rivage. Mademoiselle Pritchett n'aura aucune raison de se plaindre, et on aura probablement plus de clients !

Et c'est ainsi que s'installa une routine très joyeuse. Érica et l'Éléphant partaient pour la plage tôt le matin, bien avant que Mademoiselle Pritchett n'ouvre ses rideaux. L'Éléphant faisait son numéro jusqu'à dix-sept heures, offrant aux spectateurs des tours malicieux et de jolies promenades. Le duo s'accordait quelques pauses, histoire d'avaler du chou (pour lui) ou des glaces (pour elle). L'Éléphant longeait la mer d'un pas chaloupé, transportant des gens ravis sur son dos, tandis que les appareils photos crépitaient et que les mouettes laissaient échapper des cris de surprise. Puis ils rentraient tranquillement à la maison, en faisant un détour par l'épicerie pour qu'Érica puisse s'acheter de quoi dîner (le chou de l'Éléphant devait être commandé en gros volumes sur Internet).

Il restait toujours assez d'argent dans le seau pour mettre un peu de côté et voir venir.

– Quand on en aura assez, promettait Érica, on refera la décoration de la chambre d'Oncle Jeff pour que tu te sentes vraiment chez toi. Tu choisiras la peinture, on te trouvera un très gros matelas, et on se débrouillera pour réparer le morceau de mur que tu as arraché.

L'Éléphant se contentait de **TRONK**er, visiblement content, d'abord parce qu'il ne savait pas comment faire comprendre qu'il se sentait déjà

vraiment chez lui, et aussi parce qu'il n'était pas trop sûr de ce qu'était de la peinture.

Érica n'avait jamais été aussi heureuse. Ces deux dernières années, la vie avait été bizarre sans Oncle Jeff, toute seule dans cette maison vide. Comme Oncle Jeff n'avait jamais songé à l'inscrire à l'école, elle ne connaissait pas d'autres enfants. Avec l'Éléphant, la maison était soudain devenue follement remplie, et Érica passait désormais ses soirées collée contre le pachyderme, dans les quelques centimètres carrés du salon qu'il laissait vides.

De plus, elle rencontrait chaque jour de nouvelles personnes. Il y avait toujours quelqu'un pour acheter une glace et venir la déguster à côté d'elle, et pour papoter un moment tandis que l'Éléphant baladait les clients. Certains revinrent même plusieurs fois, et elle eut ainsi l'occasion de les connaître un peu mieux. Il y avait par exemple les vrais jumeaux, qui passaient leurs vacances chez leur tante ; une jeune auteure, qui écrivait un roman sur la Bataille de Trafalgar ; et un vieux couple qui passait son temps à nourrir les mouettes et à se disputer sur tous les sujets.

Son visiteur préféré était un homme incroyablement grand et maigre, du nom d'Oliver Drew. Il portait des lunettes rondes et arborait une chevelure ondulée, dont les boucles dépassaient dans tous les sens. Il en connaissait un rayon sur les animaux en général, et sur les éléphants en particulier.

– Sais-tu qu'ils sont capables de produire des sons inaudibles pour nous, les humains ? C'est une sorte de grondement, lui expliqua-t-il un jour, alors qu'ils dégustaient une glace. Mais les autres éléphants peuvent le percevoir, et même de très loin. Quand tout est silencieux, ils arrivent à se repérer à près de dix kilomètres !

– Dix kilomètres ? répéta Érica. C'est fou !

– C'est surtout super important ! Les éléphants sont des animaux très sociaux. Ils ne peuvent

pas survivre sans leur troupeau. Ils sentent les vibrations qu'ils produisent les uns les autres grâce à leur trompe, mais aussi avec leurs pieds et leurs oreilles. Fais toujours bien attention aux oreilles d'un éléphant. S'il les agite, c'est qu'il est soit heureux, soit en colère.

Oliver lui donnait toujours des astuces dans ce genre, comme s'il suffisait de connaître quelques clés pour résoudre les énigmes des messages éléphantesques. Érica était bien trop polie pour lui révéler qu'elle n'avait pas besoin de tout ça pour savoir exactement ce que l'Éléphant avait à dire. Mais Oliver voulait l'aider, et il était de très bonne compagnie. Par ailleurs il adorait l'Éléphant. Et il adorait aussi l'histoire de l'Éléphant qui arrive un beau matin sur le paillasson d'Érica, et le récit de leur vie à deux. Quand elle lui raconta comment l'Éléphant avait ravagé la chambre d'Oncle Jeff, Oliver rit si fort qu'il secoua sa glace dans tous les sens et aspergea tout ce qui se trouvait autour de lui.

– Il faudrait que tu viennes voir un jour, proposa Érica. Avant qu'on ne répare les dégâts.

Oliver accepta l'invitation et ils organisèrent sa visite pour la semaine suivante, à l'heure du thé. Ils échangèrent numéros de téléphone et adresses. Maintenant Érica avait donc deux amis, sans compter de la glace un peu partout.

Même Mademoiselle Pritchett fut incapable de gâcher la bonne humeur d'Érica quand elles se croisèrent ce jour-là sur le chemin du retour. La vieille dame taillait la haie devant sa maison, coupant d'un cliquetis décidé chaque petit bout qui dépassait, avant de le jeter de côté. En voyant les deux compères s'avancer, elle arrêta son travail de rabotage et entreprit de les enguirlander à la place.

– Érica ! aboya-t-elle. As-tu recommencé à te montrer avec cet Éléphant ?

– Bonsoir, Mademoiselle Pritchett, répondit Érica poliment. Il se montre tout seul, à vrai dire.

– Ne fais pas ta petite maligne avec moi ! Il devrait être dans ta maison. Tu n'as pas conscience des risques ?

« Le risque principal, songea Érica, c'est surtout que quelqu'un s'amuse, au lieu de tailler sa haie en râlant... » Mais, au lieu de ça, elle dit plutôt, en même temps qu'elle ouvrait sa porte d'entrée :

– Ne vous inquiétez pas, Mademoiselle Pritchett, nous sommes très prudents.

L'Éléphant hocha la tête avec un tel enthousiasme qu'il fit battre ses oreilles et heurta au passage un petit roitelet en plein vol. Ce qui ne contribua pas à rassurer Mademoiselle Pritchett.

– Fais attention ! Tu as l'air de chercher les ennuis ! glapit-elle tandis que la porte se refermait.

« Vieille folle ! » pensa Érica.

Elle avait beau avoir l'esprit très pratique, Érica n'était pas toujours très raisonnable. Car, lorsque les gens vous paraissent fous, il peut s'avérer vraiment déraisonnable de les ignorer.

Troisième chapitre,

dans lequel les problèmes font leur apparition pour de bon

Le lendemain avait été décrété jour de repos par Érica et l'Éléphant. Elle lui avait gentiment suggéré de prendre un bain, et il était en haut, essayant de faire fonctionner les robinets, tandis qu'elle lisait un livre dans le salon. Soudain, elle entendit trois petits bruits à la porte. TOC-TOC-TOC : JE-VEUX-ENTRER.

En ouvrant, Érica découvrit sur le paillasson

une grosse dame, entièrement recouverte de pois : elle portait une jupe à pois noirs et blancs, un chemisier à pois bleus et roses, et des chaussures à pois rouges et blancs. Elle avait rehaussé le tout d'un chapeau tricoté à pois.

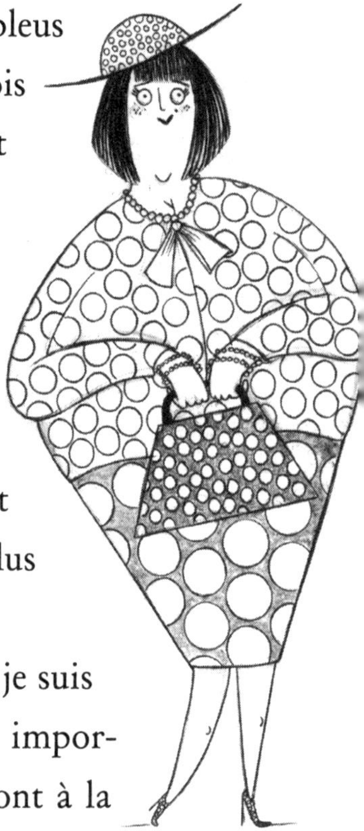

– Bonjour, ma petite chérie ! dit-elle. Puis-je entrer ?

Mais, à la fin de sa phrase, elle était déjà dans la maison, et Érica vit bien que ça n'était plus la peine de lui répondre.

– Je m'appelle Amy Avis, et je suis venue te parler d'un sujet très important. Ta maman et ton papa sont à la maison ?

Érica expliqua qu'elle vivait seule, lorsqu'un énorme BOUM se fit entendre dans la salle de bains, au premier étage. Alors elle ajouta :

– Enfin, seule… avec l'Éléphant.

Amy Avis prit un air choqué et sortit un carnet à pois, dans lequel elle consigna l'information. « Je ne vois vraiment pas pourquoi elle note ça, se dit Érica. Pas de parents, un éléphant, ce n'est pas bien compliqué à retenir. »

Mais Amy Avis écrivit soigneusement ce qu'Érica lui avait dit, puis elle se mit à trottiner au rez-de-chaussée de la maison, sans y être vraiment invitée, tout en émettant de petits « tut-tut-tut » avant de noter de nouvelles choses. Soudain, Érica prit conscience de l'état de saleté dans lequel se trouvait la maison. Le problème de l'Éléphant, c'est qu'il avait quand même tendance à ne rien ranger.

– De quoi vouliez-vous me parler exactement, Madame Avis ? demanda Érica, qui avait l'impression que les « tut-tut-tut » et les trottinements ne finiraient jamais.

Amy Avis posa son regard sur Érica comme si elle était légèrement décontenancée de voir que la fillette pouvait parler.

– Ah, oui ! Bien sûr... Assieds-toi, ma petite...

Voilà qui embrouilla l'esprit d'Érica, car elle s'apprêtait justement à proposer un siège à Madame Avis pour faire cesser ce trottinement horripilant. C'est toujours étrange d'être invité à s'asseoir sur sa propre chaise de cuisine par un étranger. Cela dit, il n'y avait pas grand-chose d'autre à faire que de poser ses fesses sur cette chaise. Amy Avis, pendant ce temps, en profita pour jeter un œil par la fenêtre et tut-tutta en découvrant le jardin.

– Bon, alors ? déclara Érica d'un ton sec, afin de détourner l'attention de Madame Avis du bazar dehors.

– Je viens au sujet de ton Éléphant, annonça Amy Avis.

Érica sentit son estomac se tordre nerveusement, car elle était quasiment sûre que quelqu'un affublé d'autant de pois et qui passe son temps à tut-tutter dans la maison des autres n'est pas du genre à venir voir un éléphant pour le plaisir.

– Alors, surtout, ne te fais pas de souci, ma petite chérie. Tu n'as rien fait de mal. Mais tu ne peux pas garder un éléphant sans un Permis, vois-tu...

Elle se mit alors à ricaner, comme si Érica avait fait quelque chose d'un peu fou-fou ou de très drôle.

– Mon dieu, c'est tout simplement impossible ! reprit-elle. Mais rassure-toi, on peut gérer ça pour toi. Je travaille au ministère des Animaux Exotiques, qui m'envoie justement avec une Notification d'Extraction Éléphantesque. Ils ont réservé un fourgon, qui passera récupérer l'animal dans l'après-midi. Comme ça, tu n'auras plus à t'occuper de cet énorme Éléphant !

Amy farfouilla dans son sac et ajouta :

– Tiens, voici ta Notification. Et je te donne aussi un caramel !

Et elle posa les deux sur la table.

Pour Amy Avis, la meilleure manière d'annoncer une mauvaise nouvelle à quelqu'un, c'était de faire semblant qu'il s'agissait d'une excellente nouvelle et de ne pas s'occuper de l'effet produit. Bien sûr, ça ne trompe personne et ça donne l'impression aux gens de hurler sans que personne les entende. Érica ne jeta pas un regard au caramel. Elle ouvrit d'abord la bouche pour dire quelque chose de très grossier, mais elle se ravisa soudain :

– En fait, j'ai bien un Permis !

Le sourire d'Amy Avis s'effaça instantanément.

– Alors, ma petite chérie, il ne faut surtout pas que tu...

Sans lui laisser le temps de finir sa phrase, Érica sauta de sa chaise et se précipita au salon, où elle ouvrit le Tiroir des Papiers Importants, dans lequel elle avait rangé la feuille qui indiquait qu'elle était la Propriétaire Légale de l'Éléphant.

Elle la rapporta triomphalement à Amy Avis, qui extirpa une paire de lunettes de son énorme sac. Elle les posa sur le bout de son nez et commença à lire le papier, qu'elle tenait à bout de bras.

– Oh, mais non, ma chérie ! s'exclama-t-elle en ricanant. Non, non, non... Ceci n'est pas un Permis. C'est juste une preuve d'achat. Tu as un Droit sur cet Éléphant parce que tu l'as acheté à son propriétaire précédent. Mais, pour garder la bête, il te faut un Permis du Gouvernement Britannique, vois-tu...

Érica aurait apprécié qu'elle évite de parler de l'Éléphant en l'appelant « la bête ». Et elle aurait aussi apprécié qu'Oncle Jeff pense à vérifier ce que disait la loi avant de lui envoyer joyeusement un éléphant... En fait, elle aurait apprécié de pouvoir faire un retour rapide de cinq minutes dans le temps et de ne pas ouvrir la porte, histoire qu'Amy Avis reste dehors et que cette journée tranquille reste parfaite.

Amy Avis se remit à déblatérer.

– Alors, il ne faut surtout pas que tu t'inquiètes, ma petite chérie. On va l'emmener dans un zoo, où il sera très heureux. Et, bien sûr, je t'assure que tu ne risques rien...

Comme si c'était ce qui inquiétait Érica !

– Et que se passera-t-il si je ne vous laisse pas l'emmener ? se renseigna la fillette.

La bouche d'Amy Avis dessina un O surpris, comme pour rajouter un pois supplémentaire à tous les autres.

– Eh bien, ma petite chérie, répliqua-t-elle

d'une voix nettement moins gentille, on le prendra quoi qu'il arrive. Donc, tu ne devrais surtout pas tenter ce genre de chose, parce qu'alors tu risquerais de gros ennuis...

– Et s'il ne veut pas vous suivre ? insista Érica.

Amy Avis laissa échapper un autre de ses petits ricanements idiots.

– Je ne vois vraiment pas pourquoi il nous opposerait la moindre résistance ! Mais, s'il se montrait agressif, nous n'hésiterions pas à lui administrer un bon sédatif...

Érica pensa qu'elle n'était sans doute pas capable de détester quelqu'un davantage que cette Amy Avis à ce moment précis.

– J'espère bien qu'il n'est pas agressif, poursuivit celle-ci. En tout cas, si c'est le cas, tu ferais bien de nous prévenir, ma petite chérie. Parce que la personne qui nous a renseignés était très inquiète...

Et, là, Érica se dit que c'était Mademoiselle Pritchett qu'elle détestait plus que tout.

Tandis qu'Amy Avis se lançait dans une conférence sur la dangerosité des éléphants, Érica en profita pour réfléchir à un Plan. Elle savait, — elle en était même sûre et certaine —, qu'elle n'abandonnerait jamais l'Éléphant. Ça lui briserait le cœur, et en plus elle se retrouverait à nouveau seule dans une maison silencieuse. Plus de soirées sympathiques à deux, ni de journées animées à la plage. Ils allaient donc devoir prendre la fuite. Elle n'avait aucune idée de l'endroit où ils pourraient bien fuir, mais, si une chose était sûre, c'était qu'il fallait que ce soit le plus loin possible. Et, seulement ensuite, elle se préoccuperait d'un endroit où se poser. Elle fit de son mieux pour afficher une mine sombre et désolée pendant qu'elle réfléchissait à toutes ces options.

Après une éternité de ricanements et de « ma petite chérie », et bien sûr de quelques « tut-tut-tut », Amy Avis décida enfin qu'il était temps de partir. Elle marqua néanmoins une pause pour consigner dans son carnet la porte défoncée.

Érica referma violemment la porte d'entrée, mais pas assez vite pour ne pas entendre un joyeux « à cet après-midi, ma petite chérie ! ».

Elle courut rejoindre l'Éléphant à l'étage. Il était toujours dans la salle de bains, trempé. Il était étendu sur le sol, et Érica eut l'impression qu'il était d'un gris plus pâle que d'habitude. Il poussa un **TRONK** très discret.

– Non, c'est évident que ça ne va pas, répondit Érica. N'essaie pas de faire ton fier. Que s'est-il passé ?

L'Éléphant agita tristement sa trompe en direction de la baignoire, puis il montra son genou, et laissa échapper un **TROOOOOOOONK** très malheureux.

– Tu as glissé ? devina Érica. Tu as cogné ton genou abîmé ?

L'Éléphant **TRONK**a, affligé.

– Tu peux marcher ? demanda-t-elle.

L'Éléphant tenta de se relever, chancela, pâlit un peu plus et s'écroula à nouveau.

Érica le contempla, paniquée. Même en étant la fille avec l'esprit le plus pratique au monde, faire quitter la ville à toute vitesse à un éléphant qui ne peut pas marcher, ça paraissait difficile. Elle s'agenouilla et serra l'Éléphant très fort dans ses bras. Puis elle lui raconta aussi doucement que possible ce qu'elle venait d'apprendre. L'Éléphant agita les oreilles avec colère et essaya à nouveau de se relever. Cette fois, il tituba jusqu'à la porte de la salle de bains avant de tomber à nouveau.

Érica n'avait aucune idée de ce qu'elle pouvait faire, ni vers qui elle pouvait se tourner. « Ce qui prouve bien, songea-t-elle, que l'Éléphant est mon seul ami. » Elle se souvint de ce qu'Oliver lui avait raconté au sujet des éléphants qui ne peuvent pas survivre sans leur troupeau. « Les humains aussi ont besoin d'un troupeau », songea-t-elle.

Et là...

– Oh ! s'exclama-t-elle. Oliver !

– **TRONK**, répliqua l'Éléphant, qui ne semblait pas vouloir dire beaucoup plus que « Aïe ».

Érica lui caressa le ventre.

– Calme-toi. Je vais trouver de l'aide. On va s'en sortir...

Elle enjamba prudemment la tête de l'Éléphant et courut à la cuisine, tout en extirpant le numéro d'Oliver du fond de sa poche. Elle composa les chiffres si rapidement sur le téléphone, qu'elle se trompa.

– Au secours, ils vont embarquer l'Éléphant ! s'écria-t-elle, hors d'haleine, au propriétaire d'une poissonnerie, qui se trouva alors aussi désemparé qu'elle.

Elle refit le numéro plus posément, et attendit. Au bout de cinq sonneries, Oliver décrocha.

– Ici Oliver Drew, que puis-je faire pour vous ?

– Oliver ! Ils vont embarquer l'Éléphant !

– Érica ? C'est toi ?

– Oui ! Elle a dit que j'aurais dû avoir un Permis et elle m'a donné un caramel !

Érica était tellement heureuse d'entendre la voix d'Oliver, et en même temps tellement affolée, qu'elle lui raconta tout à la fois et dans le désordre, et il fut obligé de lui demander de recommencer son histoire, mais lentement et calmement.

Une fois qu'elle eut terminé, Oliver resta silencieux quelques secondes.

– Qu'est-ce que je peux faire, Oliver ? Tu peux m'aider ?

– Laisse-moi réfléchir, Érica... Je suis en déplacement, aujourd'hui...

Érica ne put s'empêcher de pousser un grognement.

– Attends, ne panique pas, reprit-il. Tu as bien fait de m'appeler. Pour l'instant, le plus important est que tu n'essaies pas de partir avec l'Éléphant tant que son genou n'est pas guéri. Et j'ai une idée de ce qui pourrait l'aider à aller mieux plus rapidement... Mais, si ça ne marche pas assez vite, je veux que tu me promettes de ne pas t'enfuir. Parce que, si vous partez alors qu'il n'est pas remis d'aplomb, ça ne fera qu'empirer les choses et vous n'irez pas bien loin. Et, si les autorités pensent que tu lui as fait du mal, tu ne pourras jamais le récupérer. Tu comprends, Érica ? Tu me promets de rester chez toi tant que son genou n'est pas guéri ?

Érica promit, et écrivit sur un papier tous les ingrédients que lui indiquait Oliver, afin de fabriquer un remède spécial pour les articulations des animaux. Il était si gentil et calme que, lorsqu'il lui dit qu'il devait la laisser et qu'elle entendit le petit clic du téléphone qu'on raccroche, elle se sentit encore plus seule que jamais. Elle se demandait si elle n'allait pas baisser les bras, là tout de suite. Mais elle savait aussi qu'il fallait qu'elle prépare ce médicament, et elle n'avait pas tous les ingrédients à la maison...

Elle enfila donc ses sandales et se rendit en ville pour Faire Avancer les Choses. Quand on est dans une situation compliquée, Faire Avancer les Choses est toujours un choix judicieux.

L'achat des ingrédients prit un peu de temps, et Érica dut parcourir la ville car certains n'étaient pas faciles à trouver (par exemple, il n'y avait pas de jus de goyave au supermarché, et elle n'avait pas la moindre idée de ce que pouvait être de l'anis étoilé). Une fois ses courses terminées, Érica prépara le mélange et le fit mijoter une petite heure. La préparation semblait interminable. Laissant la potion cuire lentement, Érica s'assit auprès de l'Éléphant, qui enroula sa trompe autour d'elle. Ils se rassurèrent l'un l'autre en se disant que tout irait bien. Mais aucun des deux n'avait l'air convaincu...

Une fois le remède prêt, Érica le fit avaler à l'Éléphant. Puis elle enveloppa son genou blessé dans une vieille écharpe écossaise d'Oncle Jeff, en espérant que ça pourrait aider.

Une heure plus tard, l'Éléphant était peut-être un peu moins pâle, même s'il ne tenait toujours pas debout. Au bout de deux heures, il fit des efforts pour montrer qu'il pouvait y arriver, mais il ne put pas dissimuler sa douleur, et Érica lui demanda de se rasseoir. Elle imaginait déjà Amy Avis en train de faire « tut-tut-tut » et d'écrire dans son carnet qu'elle avait fait mal à l'Éléphant. Personne ne se rendait compte que l'Éléphant était capable de faire les choses tout seul, y compris se faire mal.

Il était évident qu'il n'était en tout cas pas assez remis pour partir ce jour-là. Après le déjeuner, il assura qu'il se sentait bien mieux, et entreprit de descendre les escaliers en s'appuyant sur la rampe, qui craquait à chacun de ses pas. Mais, arrivé en bas, il était épuisé. Ce n'était pas bon signe. Le remède n'agissait pas assez vite.

Érica jetait des regards nerveux en direction de la fenêtre pour guetter la camionnette. Chaque bruit de moteur la faisait sursauter. Elle ne vit aucune camionnette, mais à quinze heures trente très précisément, elle aperçut en revanche Mademoiselle Pritchett qui revenait de ses courses. Érica savait bien que crier sur Mademoiselle Pritchett n'arrangerait pas les choses, mais elle était vraiment furieuse, et même les esprits les plus pratiques peuvent parfois faire de mauvais choix. Elle se rua donc dehors et se mit à hurler aussi fort que le lui permettaient ses petits poumons.

– Érica ! lança d'abord Mademoiselle Pritchett pour la calmer.

Comme elle vit que ça n'avait aucun effet sur les cris, elle répéta plus fort :

– Érica !

Et puis, encore plus fort :

– ÉRICA !

La dernière tentative était si puissante venant d'une si petite dame qu'Érica s'arrêta net, absolument sidérée.

– Est-ce que tu essaies de me dire que quelqu'un a dénoncé ton Éléphant ? demanda Mademoiselle Pritchett.

Érica était toujours très en colère, mais un peu moins sûre d'elle.

– C'est VOUS qui l'avez dénoncé ! aboya-t-elle. Non ?

– Non, répliqua Mademoiselle Pritchett. Mais je ne peux pas dire que je sois vraiment surprise que quelqu'un s'en soit chargé, étant donné que tu as passé ton temps à l'exhiber devant le monde entier ! Est-ce qu'au moins tu l'as envoyé dans un endroit sûr ?

Érica ne savait plus quoi penser.

– Je ne peux pas. Il s'est blessé au genou, expliqua-t-elle simplement.

– Oh, zut, alors, dit Mademoiselle Pritchett en prenant une expression un peu moins contrariée, mais un peu plus soucieuse. Ça, c'est un vrai problème ! Quelle paire de gros malins vous faites ! Bon, dans ces conditions, j'imagine que le mieux est que tu le caches chez moi. Il peut faire quelques pas ?

Érica dévisagea Mademoiselle Pritchett pour tenter de deviner ce qu'elle mijotait. Pourquoi aurait-elle envie d'accueillir l'Éléphant ? Est-ce qu'elle n'avait pas déjà remporté une belle victoire ? Quelle différence cela pouvait-il faire à présent ? À moins, bien sûr, qu'elle soit sincère... Cette vieille femme était ronchon, volontiers piquante, et elle se mêlait de tout. Mais elle ne semblait pas être menteuse.

Mademoiselle Pritchett comprit ce que la fillette pensait.

– Allons, Érica ! s'exclama-t-elle. Voilà ce qu'il faut que tu te dises : si je mens et que je le livre aux autorités, la situation ne pourra pas être pire que ce qu'elle est déjà. Mais, si je ne mens pas, alors... peut-être bien que je peux vous aider.

Finalement, peu importait la manière dont Érica choisissait de considérer le problème : tout cela semblait assez juste.

Et donc, trois minutes plus tard, Érica et l'Éléphant entraient chez Mademoiselle Pritchett par la porte de derrière (pour éviter d'être repérés), sans trop savoir quoi penser de tout ça, mais en s'autorisant malgré tout un peu d'espoir.

Quatrième chapitre,

dans lequel cacher un Éléphant ne s’avère pas si facile

Érica n’avait jamais tenté d’imaginer l’intérieur de la maison de Mademoiselle Pritchett. Et, si elle l’avait fait, ce n’est pas du tout à ce résultat qu’elle serait arrivée.

L’endroit grouillait de fourmis !

Partout où Érica posait les yeux, il y avait des bocaux en verre remplis de terre : sur les étagères, sur chaque surface plane, et même suspendus au plafond comme de petits carillons. Chaque bocal contenait des tunnels, le long desquels couraient des fourmis. Il y en avait des rouges et des noires ; certaines étaient aussi grosses qu'un pouce, d'autres, à peine visibles ; il y en avait des rapides, des lentes ; certaines avançaient en bataillons, d'autres étaient solitaires. Érica ne pouvait pas détacher son regard des insectes: il y avait partout un individu à six pattes qui semblait s'activer avec un Air de Grande Importance.

Mademoiselle Pritchett esquissa un minuscule sourire.

– Toi et ton oncle, vous n'êtes pas les seuls à apprécier les animaux exotiques. Je possède plus d'espèces de fourmis que n'importe quel autre collectionneur d'Angleterre, déclara-t-elle, très fière. Personne n'a besoin d'un Permis pour les fourmis, Érica, et c'est pour ça que je les recommande. Ce sont des compagnes formidables ! Minuscules, mais bien plus costaudes que ton éléphant proportionnellement à leur taille. Elles sont capables de soulever des charges cinq mille fois plus lourdes que leur propre corps !

L'Éléphant, qui s'était légèrement agenouillé pour soulager sa patte malade, contemplait le bocal le plus proche. Sa trompe était bien enroulée. Il n'avait pas l'air prêt à élever des fourmis, quand bien même elles auraient été capables de jongler ou de danser la Macarena.

– Je prépare du thé ? proposa Mademoiselle Pritchett.

Érica continuait de se méfier, mais elle ne vit aucun piège dans une tasse de thé et elle se contenta d'accepter. Et, parce qu'il est parfois préférable d'exprimer franchement les choses, elle demanda :

– Mademoiselle Pritchett, pourquoi nous aidez-vous alors que vous détestez cet Éléphant ?

Le visage de Mademoiselle Pritchett afficha soudain une expression d'immense surprise.

– Mais qu'est-ce qui te fait donc penser que je déteste l'Éléphant, enfin ?

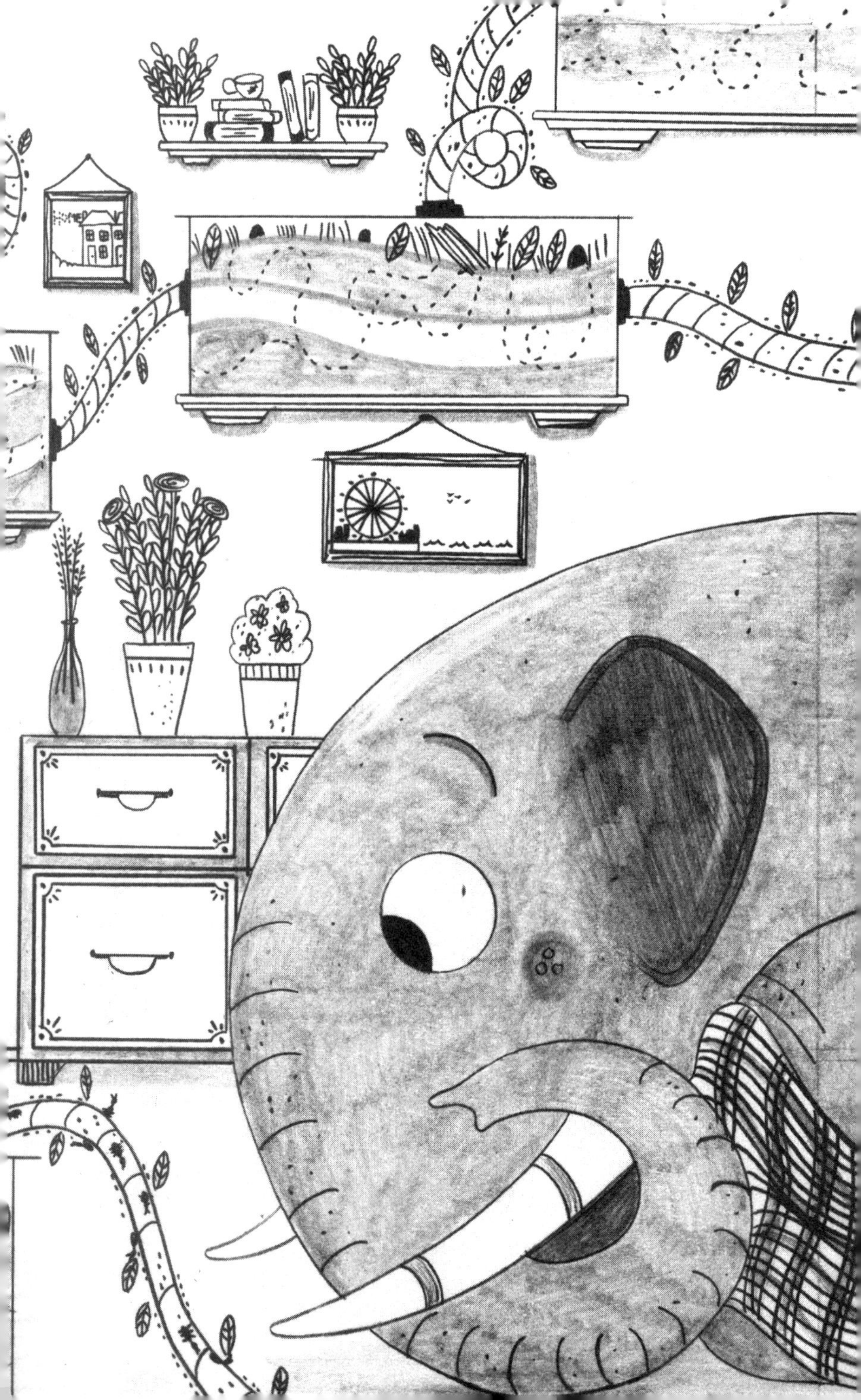

Érica était vraiment contente que sa voisine l'ait appelé « l'Éléphant » et pas « cet animal » ou « cette bête », mais elle se sentit un peu déstabilisée.

– Euh, commença-t-elle. Et bien... c'est à dire que...

Mademoiselle Pritchett, sourcils froncés, ne la quittait pas des yeux. Évidemment, son explication n'était pas très convaincante. Alors Érica finit par articuler :

– Parce que vous étiez toujours très en colère contre nous...

– J'étais en colère parce que tu te pavanais avec lui ! Et c'était sûr que quelqu'un allait finir par vous dénoncer ! Si j'avais voulu le dénoncer moi-même, je l'aurais fait le jour où il est arrivé chez toi !

Elle versa de l'eau bouillante dans sa théière avant de poursuivre :

– Personnellement, ça ne me pose aucune problème que tu veuilles vivre avec un Éléphant.

D'après ce que j'en sais, ils sont d'une compagnie charmante. Et, à mon avis, celui-ci doit valoir bien mieux que ton olibrius d'oncle. Parce que, tu peux me croire, je lui dirai ma façon de penser, à lui, quand il rentrera ! Il m'avait promis que ce ne serait qu'un tout petit voyage...

Là, Érica se sentit un peu stupide. C'était vrai que Mademoiselle Pritchett était irascible et parfois un peu malpolie. Mais, de fait, Érica n'avait jamais vraiment prêté attention à ce qu'elle disait, qu'il ait été question de l'Éléphant ou pas. Elle prit conscience que tous ces marmonnements intrusifs de l'autre côté de la barrière, toutes ces critiques sur Oncle Jeff, ça avait peut-être été la manière de Mademoiselle Pritchett de veiller sur elle.

– Oh, dit Érica. J'ai tout compris de travers...

– Ne prends pas cet air de chien battu. Je n'ai pas vraiment l'habitude de mâcher mes mots, et tu n'es pas la première à penser que je suis une vieille bique râleuse !

Érica se disait qu'il serait peut-être bien de s'excuser, mais Mademoiselle Pritchett ne semblait pas blessée le moins du monde. Elle apporta la théière et s'installa à table, juste en face d'Érica, tout en la fixant sans un sourire, mais sans reproches non plus.

– C'est la vie, Érica. Prends les fourmis : elles sont sourdes, tandis que d'autres espèces sont aveugles. Elles communiquent grâce à des signaux chimiques : elles peuvent s'avertir d'un danger, indiquer où se trouve la nourriture, ou que sais-je encore. C'est simple. De notre côté, on se fait des nœuds dans la tête pour arriver à se comprendre les uns les autres. Et, la plupart du temps, on a tout faux...

Elle servit le thé. Érica but le sien à petites gorgées. Soudain, elle se sentit vraiment très fatiguée. L'Éléphant s'efforçait d'être le plus immobile possible, se concentrant pour ne pas briser les bocaux en verre, tout en gardant un œil soupçonneux sur les fourmis.

– Bien ! déclara Mademoiselle Pritchett (et c'était le genre de « Bien ! » qui fit poser sa tasse de thé à Érica, et tendre sa trompe bien droit à l'Éléphant). Quand ces fouineurs sont-ils censés débarquer ?

– Dans l'après-midi.

– Alors, pas de temps à perdre ! Toi, dit-elle à l'Éléphant, tu vas laisser des empreintes dans le jardin d'Érica et défoncer la barrière du fond, puis tu viendras te cacher dans ma salle de bains. C'est la seule pièce d'où personne ne te verra par une fenêtre. Quant à toi, dit-elle en se tournant vers Érica, il faut que tu retournes chez toi et que tu leur racontes qu'il s'est sauvé.

– Vous pensez qu'ils vont me croire ? demanda Érica.

– Ça m'étonnerait. Mais tant qu'ils ne trouvent pas l'Éléphant, que veux-tu qu'ils fassent ? Tu vas sans doute devoir te cacher ici quelques jours, ajouta-t-elle à l'adresse de l'Éléphant. Au moins jusqu'à ce qu'on trouve une autre solution.

Quelques instants plus tard, une vieille dame, une petite fille et un gros éléphant se mirent à s'agiter autant que des fourmis travailleuses. L'Éléphant, lentement et un peu douloureusement, défonça la barrière au fond du jardin. Érica était enchantée de voir qu'il pouvait désormais marcher un peu plus longtemps, et elle remercia intérieurement Oliver et son remède miracle. Mademoiselle Pritchett effaça toutes les traces

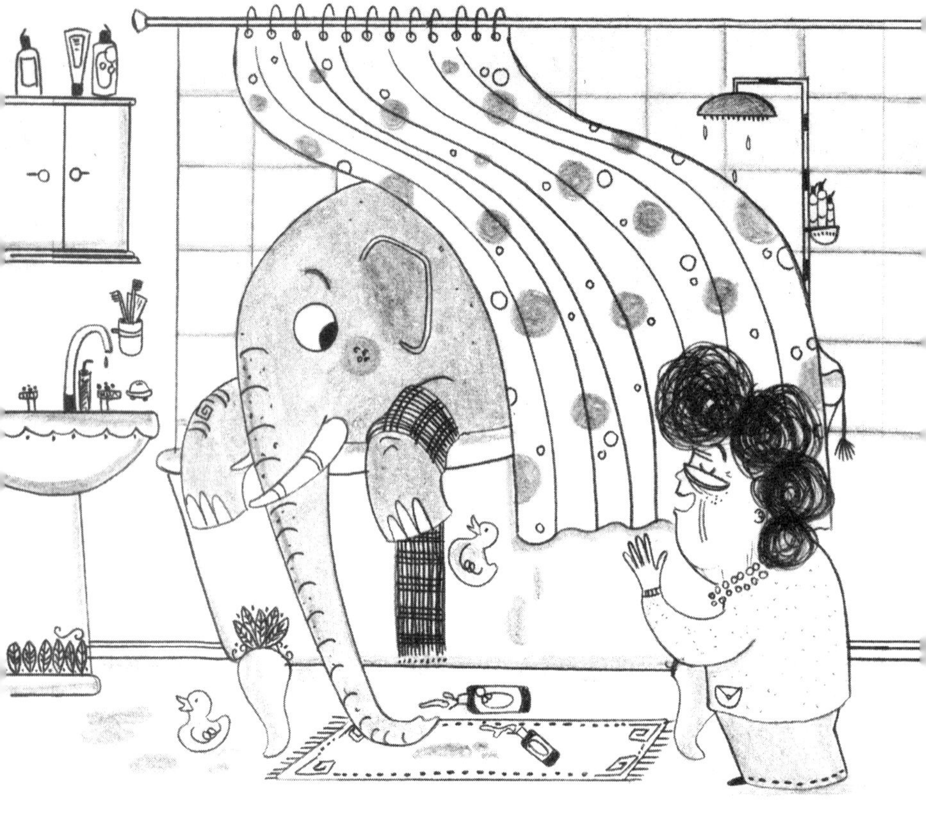

du passage de l'Éléphant dans sa cuisine, tandis qu'Érica courait dans les magasins pour faire des stocks de chou.

L'Éléphant se fit aussi petit que possible dans la salle de bains de Mademoiselle Pritchett.

– Tu ne dois pas bouger une oreille ! l'avertit la vieille dame. Les murs de nos deux maisons sont collés et, quand tu étais à côté, j'entendais le moindre de tes mouvements.

Il se roula en boule du mieux qu'il put et se mit à attendre. Mademoiselle Pritchett redescendit les escaliers et se mit à attendre. Et dans la maison d'à côté, Érica se mit à attendre aussi.

Enfin, une camionnette noire s'engagea dans la rue. Sur le côté du véhicule, on pouvait lire :

**MINISTÈRE DES ANIMAUX
ET CHAPEAUX EXOTIQUES**

C'était plutôt incongru, mais Érica n'eut pas le temps de réfléchir à ce que cela pouvait bien signifier, car Amy Avis et deux hommes chauves étaient déjà sur le pas de sa porte. TOC-TOC-TOC. ON-VEUT-ENTRER !

Érica s'appliqua à prendre une mine piteuse en leur ouvrant. Amy Avis s'engouffra dans le hall d'entrée en lançant un aérien « Bonjour, ma petite chérie ! ». Les deux hommes la suivirent en silence. Ils portaient chacun une chemise arborant le même logo que celui de la camionnette. Érica prit une profonde inspiration :

– Je suis désolée, Madame Avis. C'est... je... En fait, l'Éléphant s'est sauvé !

Cela résonnait comme un mensonge tellement stupide et flagrant qu'Érica se sentit vraiment minable en le disant. Mais, du coup, son ton chevrotant sonna particulièrement juste.

Amy Avis dévisagea Érica. Les deux hommes dévisagèrent Érica. Et Érica fit de son mieux pour ressembler à quelqu'un qui n'avait pas la moindre idée de l'endroit où pouvait se trouver son Éléphant. Elle espérait presque qu'Amy

Avis pousse un petit « tut-tut-tut », histoire de rompre le silence. Mais, au lieu de ça, elle dit :

– Érica, tu ne devrais pas mentir. Quoi qu'il arrive, on va l'embarquer. Et tu risques d'avoir des ennuis.

– Mais c'est la vérité ! s'écria Érica. Fouillez la maison, si vous voulez !

Et c'est exactement ce qu'ils firent. Cela ne prit pas très longtemps, puisque la maison n'était pas bien grande. Mais, comme ils ne savaient pas trop quoi faire, ils la fouillèrent trois fois de fond en comble. Amy Avis dirigeait les opérations en trottinant, et ses deux sbires la suivaient en traînant les pieds. Ils ouvraient au hasard placards et commodes, comme s'ils s'attendaient plus ou moins à trouver l'Éléphant dans un tiroir. Ils collaient l'oreille au plancher, tapotaient sur les murs pour débusquer une fausse cloison, regardaient sous les lits.

Enfin, avec l'air de celle qui a fait une découverte majeure, Amy Avis annonça :

THIS
WAY UP

– Il semble que l'Éléphant ne soit pas dans la maison !

Personne n'osa la contredire.

– On va devoir fouiller la ville ! Érica, c'est tout à fait irresponsable de ta part !

Tous les trois marmonnèrent ensuite furieusement pendant quelques minutes pour décider de la marche à suivre. Ils finirent par se mettre d'accord et Amy Avis fit un signe de tête à Érica.

– On a quelques questions à te poser. Direction le salon, s'il te plaît !

La liste des questions était interminable. « Quand l'as-tu vu pour la dernière fois ? Où aime-t-il aller ? Est-ce qu'il fréquente d'autres animaux sauvages ? Est-ce qu'il rentre dans un bus ? », etc., etc. Érica inventait ses réponses au fur et à mesure, et au fond d'elle-même elle avait l'impression que son cœur applaudissait à chaque fois. CLAP-CLAP-CLAP ! Leur plan allait sans doute marcher...

– Selon toi, l'animal a-t-il pu apprendre à faire du vélo ? demanda l'Homme Numéro Un. Ou n'importe quel...

Il fut interrompu par un son qu'il est difficile de reproduire par écrit. Mais ça faisait un peu comme ça : **AaaahTRONCHK**.

Tout le monde se figea. Et le cœur d'Érica cessa immédiatement ses applaudissements.

AaaahTRRRRRONCHK. Ça recommençait. Et encore. Trois **AaaahTRONCHK** totalement inexplicables.

– La voisine d'à côté joue du trombone, s'entendit expliquer Érica.

Le bruit explosa à nouveau : **AaaahTRONCHK**.

– Mais elle n'est vraiment pas douée ! ajouta Érica.

– Ça, remarqua l'Homme Numéro Deux, ce n'est pas du trombone...

Sans un mot de plus, les trois adultes se levèrent et se dirigèrent vers la porte d'entrée. Érica les suivit. Sa bouche s'acharnait à vouloir sauver la situation, mais sans aucune aide de son cerveau, apparemment en panne...

– Oh, je vous en prie ! Ne dérangez pas ma voisine ! Elle fait partie d'une fanfare, et elle doit jouer devant la Reine demain !

Et justement, un **AaaahTRONCHK** qui manquait tout à fait de royauté interrompit ses explications.

Amy Avis ajusta son chapeau à pois, et fit retentir un TOC-TOC-TOC sonore sur la porte de Mademoiselle Pritchett. Après un court instant, la vieille dame leur ouvrit. Franchement elle se débrouillait très bien dans son rôle de vieille acariâtre dépourvue d'éléphant.

– Oui ? aboya-t-elle.

– Madame, déclara Amy Avis. Nous pensons que vous cachez un éléphant dans votre maison.

– Ah, elle est bonne, celle-là ! s'exclama Mademoiselle Pritchett en leur barrant le passage.

Mais le Bruit terrible retentit à nouveau. **AaaahTRONCHK**.

– Je suis au beau milieu d'une expérience de

chimie très importante, se justifia Mademoiselle Pritchett. Je vous prie de bien vouloir excuser ces explosions.

Cela ne suffit pas à berner Amy Avis.

– Comme c'est charmant, lâcha-t-elle. Dire que vous avez du temps pour des expériences de chimie alors que vous répétez pour la fanfare royale de demain !

Mademoiselle Pritchett échangea un regard rapide avec Érica.

– Alors, on peut entrer ?

Mademoiselle Pritchett tenta de refermer la porte, arguant que son expérience nécessitait pas mal de Mélanges Compliqués. Mais l'Homme Numéro Un avait déjà glissé son pied dans l'entrebâillement, et l'Homme Numéro Deux ne se gêna pas pour pousser la porte. Et, avant que quiconque puisse l'en empêcher, Amy Avis trottinait dans la maison.

Elle avançait même dans les escaliers, en direction de la salle de bains…

Cinquième chapitre,

dans lequel la vérité apparaît

Les éléphants ont peur des souris — du moins, tout le monde le croit. Pourtant, c'est n'importe quoi. Mais il n'en va pas de même pour les fourmis...

Certains types de fourmis vivent dans les arbres, et doivent fréquemment batailler avec les éléphants, qui ne se gênent pas pour dévorer leurs maisons. Et batailler avec un éléphant, c'est plus vite dit que fait quand on est plus petit qu'un raisin sec. Voilà pourquoi les fourmis sont rusées : elles envoient des « soldates » dans la trompe des éléphants avec pour mission de les chatouiller de l'intérieur. Ça n'a rien d'agréable. Mais c'est efficace. L'éléphant ciblé est pris d'éternuements, qui sonnent un peu comme ça (oui, vous avez forcément deviné...) : **AaaahTRONCHK**.

Mademoiselle Pritchett estima que tout était de sa faute, car elle avait laissé un de ses bocaux ouvert. Mais pour l'Éléphant il n'y avait qu'un responsable, et c'était lui. Durant tout le trajet en camionnette, il resta obstinément caché derrière ses oreilles, qui avaient pris une teinte légèrement rosée. Mademoiselle Pritchett jacassait sans arrêt, maudissant Amy Avis, le ministère des Animaux et Chapeaux Exotiques, le Gouvernement et même la Reine, tandis qu'Érica restait prostrée dans un silence angoissé. Personne ne leur avait dit où on les conduisait.

L'endroit en question se révéla être le poste

de police. Amy Avis tressautait de rage à l'idée qu'Érica lui avait fait parcourir sa maison dans tous les sens, et elle était maintenant sur le sentier de la guerre. Elle exigeait que Mademoiselle Pritchett et Érica paient une amende pour avoir hébergé un éléphant, et que l'Éléphant soit puni pour avoir fait un usage illicite de la salle de bains.

L'agent de service au poste de police tripotait nerveusement sa moustache.

– Je ne sais pas si on peut techniquement verbaliser un éléphant, Madame, dit-il.

– Bien sûr que oui ! s'emporta Amy Avis entre deux « tut-tut-tut ». J'exige de parler à votre supérieur hiérarchique ! J'exige un avocat ! J'exige de l'action !

Tout cela représentait trop d'exigences pour un seul Agent. Il se renseigna auprès d'un autre agent, une femme cette fois, laquelle passa quelques coups de fil et conclut que personne ne savait ce qu'il fallait faire dans le cas d'un éléphant. Mais elle ordonna néanmoins au premier agent de FAIRE quelque chose. Celui-ci revint donc auprès du petit groupe, et prit un ton très ferme.

– Mesdames, il apparaît de manière certaine que les faits constituent une entorse à la Loi, dans la mesure où il y a un éléphant, et que cet éléphant, puisqu'il s'agit de lui, est détenu sans Permis. Cependant, nous sommes, euh... hésitants sur la procédure à suivre dans une affaire de ce genre. Nous allons donc placer les suspects... enfin, c'est-à-dire l'Éléphant et ses amies, en détention jusqu'à ce que nous décidions des mesures à prendre.

– Ce que vous voulez dire, l'interrompit Mademoiselle Pritchett, c'est que vous allez nous jeter en prison en attendant de savoir quoi faire ?

– Hum ! fit bruyamment l'Agent, avant de poursuivre en se tournant vers Amy Avis : votre contact au zoo a été appelé. Il passera ce soir pour les papiers et il embarquera l'animal demain matin.

Amy Avis aurait préféré une punition plus immédiate et surtout plus terrible, mais elle avait plus ou moins gagné malgré tout, et elle opta pour un « tut-tut » apaisé. Mademoiselle Pritchett grommela sans interruption jusqu'à la cellule, mais personne ne l'écoutait plus. Avec un BANG soulagé, l'Agent referma la porte sur le trio désespéré et s'éloigna d'un pas rapide. Un court silence suivit.

– Éléphant ? dit Érica.

Silence.

– Je suis désolée de nous avoir entraînés dans ce désastre…

Nouveau silence. Puis l'Éléphant **TRONK**a très doucement. Érica ne savait pas ce qu'il voulait dire, mais ça sonnait malgré tout comme une sorte de **TRONK** de réconfort. Elle en resta donc là. Aucun des trois ne parlait, mais leurs pensées semblaient emplir la cellule. Il n'y avait qu'un

banc en bois, sur lequel Érica et Mademoiselle Pritchett se recroquevillèrent, laissant le reste de la place à l'Éléphant. Une horloge sur le mur faisait tut-tut. On aurait dit Amy Avis.

Au bout d'une heure environ, ils entendirent le reconnaissable tap-tap de pas dans le couloir. Puis un raclement métallique, un clic. Et l'Agent fit entrer quelqu'un dans la cellule. Quelqu'un avec des cheveux bouclés qui partaient dans tous les sens. Un visiteur grand et maigre. Érica sauta du banc.

– Oliver ! s'écria-t-elle.

– Érica, répliqua Oliver sans un sourire. Je t'avais dit de ne pas fuir...

Érica se rembrunit.

– On n'a pas essayé de fuir, Oliver. On l'a caché. Il n'a pas eu besoin de marcher plus de quelques pas... Et je lui ai donné son remède, en suivant toutes tes instructions.

– Maintenant, tu vas avoir de gros ennuis, Érica. Tu as agi de manière stupide !

Toute chaleur avait disparu de la voix d'Oliver. Il ne discutait pas AVEC Érica, mais la traitait avec autant de considération qu'un réveille-matin désagréable ou une émission de télé complètement nulle. Il plia ses jambes d'araignée pour s'asseoir à côté de l'Éléphant et observa un instant son genou amoché.

– Il marche plus facilement, j'imagine ?

– Oui, je pense, répondit Érica.

Elle avait envie d'ajouter « Grâce à toi ! », mais la manière dont Oliver regardait l'Éléphant l'en dissuada. Au lieu de ça, un silence très inconfortable s'installa et prit la place de tout ce qu'elle aurait pu dire. Oliver avait dénoué l'écharpe du genou de l'Éléphant, et il palpait à présent le membre avec précaution, évaluant les dégâts de ses mains expertes. Il finit par se relever, son ombre retombant sur l'Éléphant comme un serpent.

– Ce n'est pas grand-chose. Il reste un éléphant d'excellente qualité. Je pense que ton oncle n'avait pas la moindre idée de la beauté de l'animal qu'il a trouvé !

Il esquissa un sourire froid.

– Je devrais le remercier !

Érica ouvrit la bouche pour dire quelque chose, puis elle se ravisa. Heureusement, Mademoiselle Pritchett avait des tas de choses à dire. Et son visage était plus chiffonné que jamais.

– Qui êtes-vous, jeune homme ? aboya-t-elle.

Oliver lui signifia qu'il était Oliver Drew, et elle émit un claquement de langue agacé.

– Votre nom n'a aucune importance ! Vous croyez que je rédige un annuaire ? Ma question, c'est : que faites-vous ici ?

Il eut l'air de la trouver amusante.

– Ah, bien sûr, chère Madame ! Je suis le directeur du Zoo du Bord de Mer, et je suis là pour vérifier si ma nouvelle acquisition est en bonne santé, avant de l'embarquer demain !

Voilà qui expliquait pourquoi Oliver en savait autant sur les animaux ! Mais ça n'expliquait pas pourquoi il était du côté d'Amy Avis. Il devait y avoir une erreur.

– Mais pourquoi as-tu accepté de le prendre ? demanda Érica. Tu sais très bien qu'il est heureux avec moi !

Oliver leva les yeux au ciel.

– Tu peux essayer de suivre, Érica ? C'est moi qui t'ai dénoncée ! Mon idée depuis le départ, c'était de récupérer l'Éléphant. Avec les tours que sait faire cet animal, il va attirer des tas de curieux dans mon zoo !

Érica resta bouche bée. Et l'Éléphant aussi, même si on avait du mal à le remarquer, à cause de sa trompe.

– Enfin, réfléchis ! Tu me montres un éléphant magnifique, puis tu me racontes que tu vis seule, sans adulte pour s'occuper de toi. Tu me donnes ton adresse, et le lendemain on frappe à ta porte. Vraiment, tu n'as pas de suite dans les idées, ou quoi ?

– Mais le remède... Est-ce que ça a aggravé son état ?

– Bien sûr que non ! Je voulais qu'il soit en bonne santé. Ça n'a surtout servi à rien ! C'était ma liste de courses...

Il raconta tout ça comme si ces informations étaient les plus ennuyeuses du monde. Érica avait du mal à se retenir de pleurer.

– Si je peux te donner un conseil, Érica, ça serait de te trouver des amis de ta taille. Les

éléphants sont compliqués. S'en occuper exige beaucoup de connaissances.

Et, sans attendre sa réponse, Oliver sortit de la cellule et claqua la porte derrière lui.

– Eh bien, c'est vraiment un sale type ! déclara Mademoiselle Pritchett, au cas où quelqu'un en aurait douté.

– Il a tort ! marmonna Érica. Les éléphants n'ont rien de compliqué. Personnellement, c'est plutôt les gens que j'ai du mal à comprendre !

Et, là, elle se mit à pleurer, mais juste un tout petit peu. Ni Mademoiselle Pritchett ni l'Éléphant n'ajoutèrent quoi que ce soit, mais ils s'assirent près d'elle, chacun d'un côté, passant un bras et une trompe par-dessus ses épaules. Au bout du compte, ce fut Érica qui rompit le silence. Elle songeait qu'elle avait de la chance d'être entourée par ses amis, et justement...

– Éléphant, est-ce que ton troupeau te manque ?

– **TRONK**. Oui.

– Je suis désolée, je n'ai jamais pensé à te parler d'eux.

L'Éléphant soupira, ébouriffant les cheveux d'Érica.

– Vous vous y connaissez en troupeaux d'éléphants, Mademoiselle Pritchett ? Il paraît qu'ils s'occupent les uns des autres. Ils peuvent communiquer à presque dix kilomètres de distance les jours où le temps est calme...

Et, en racontant ça, Érica eut de nouveau envie de pleurer, car ça lui fit repenser à la manière dont elle avait demandé de l'aide à Oliver.

– Dix kilomètres ? répéta Mademoiselle Pritchett.

– Je sais, c'est dingue. C'est un son trop grave pour que les humains puissent l'entendre.

– ÉRICA ! hurla Mademoiselle Pritchett, en sautant sur ses pieds. Tu réalises ce que tu viens de dire ? Tu comprends ce que ça signifie ? Ne reste pas là à te morfondre, ma fille ! C'est tout simplement prodigieux !

– Qu'est-ce qui est prodigieux ?

– Le zoo ! répondit Mademoiselle Pritchett, avec un immense sourire. Il est à moins de dix kilomètres d'ici !

– Oh ! s'écria Érica.

Puis, après avoir réfléchi un court instant, elle ajouta :

– Et alors ?

Un sourire malin éclaira le visage ridé de Mademoiselle Pritchett.

– Je pense, avança-t-elle, qu'on ferait bien de réclamer un peu d'aide. Éléphant, tu te sentirais capable d'envoyer un message à un autre éléphant, à moins de dix kilomètres d'ici ?

L'Éléphant hocha la tête, et battit des oreilles.

– Alors écoute-moi bien...

Et elle leur dévoila son plan. L'Éléphant éclata de rire. Érica était habituée à ce rire, mais il fallait reconnaître que c'était un bruit plutôt étrange, qui alarma le monsieur qui occupait la cellule d'à côté. (Peut-être que vous n'avez jamais entendu rire un éléphant ? Ça fait un peu comme ça : **AaahTROOOhoohoohoo** ! Et, pour obtenir un effet ressemblant, le mieux est que vous chantiez ça dans un mégaphone avec la voix d'un Chanteur d'Opéra. Sinon, vous risquez d'avoir l'air stupide.)

Érica n'était pas d'humeur à rire. Ce plan était trop fou pour avoir une chance de marcher.

– On ne va jamais s'en tirer ! protesta-t-elle.

– Bon, alors, Érica, commença Mademoiselle Pritchett. Il va falloir que tu apprennes à penser grand si tu envisages un projet aussi grandement délirant que de garder un éléphant !

Érica n'avait jamais vu Mademoiselle Pritchett aussi enchantée.

– Mais s'ils envoient l'Éléphant dans un autre zoo ?

– Aucun risque ! gloussa la vieille dame. Pas si tu leur fais peur, Érica....

Et elle leur révéla la suite de son plan. Ce qui les fit rire jusqu'à en avoir mal au ventre.

Une fois le calme revenu, l'Éléphant ferma les yeux et entonna son grondement sourd, se concentrant pour recevoir une réponse, qu'il sentirait dans ses oreilles, ou sa trompe, ou même ses pieds. Érica et Mademoiselle Pritchett patientaient nerveusement. Et si le zoo était trop éloigné, finalement ?

Mais soudain les oreilles de l'Éléphant tressautèrent, puis sa trompe se balança avec satisfaction, et enfin il poussa un **TRONK** joyeux. Les éléphants au zoo avaient bien reçu le message, et il fallait à présent qu'Érica et Mademoiselle Pritchett envoient le leur. Toutes les deux demandèrent à appeler leur famille, et on leur accorda un coup de fil de cinq minutes à chacune. Les Agents du poste ne se doutaient pas que ni l'une ni l'autre n'avait la moindre famille à contacter !

Sixième chapitre,

dans lequel un énorme mensonge est raconté

Lorsque Oliver, Amy Avis et l'Agent arrivèrent, Érica était assise parfaitement calme au centre de la cellule, les yeux clos, les deux bras levés. Ses cheveux avaient été tournicotés et étirés par l'Éléphant, jusqu'à ce qu'ils forment une vraie crinière autour de sa tête, et elle arborait d'étrange marques sombres sur son visage, que Mademoiselle Pritchett avait dessinées à l'aide de son fard à paupières. Autour d'elle, des feuilles qu'on avait apportées pour l'Éléphant avaient été disposées en cercle. Mademoiselle Pritchett et l'Éléphant, assis en dehors du cercle, fixaient Érica.

L'Agent toussota. Amy Avis tut-tutta, et Oliver les gratifia de son sourire figé. Érica ouvrit un œil.

– Bonjour, dit-elle poliment.

Seul l'Agent lui rendit son bonjour, et, quand il vit la manière dont les deux autres dévisageaient Érica, il s'arrangea pour noyer son salut dans une sorte de toux sévère.

Érica sentait son cœur battre la chamade. Elle referma l'œil.

– Oliver Drew. Si tu embarques cet Éléphant aujourd'hui, ton zoo en souffrira !

Oliver la regarda comme si elle était devenue folle. L'Agent se concentra sur ses chaussures et regretta profondément de ne pas avoir affaire à des criminels sympathiques et normaux, plutôt qu'à une cinglée et son Éléphant.

– Ah oui, vraiment, Érica ? rétorqua Oliver. Et pourquoi, je te prie ?

– Parce que j'ai jeté un sort sur le zoo, articula Érica en s'efforçant de ne pas rougir durant le silence pesant qui suivit.

– Je vois, répondit Oliver. Eh bien, tout cela me semble peu probable. Et je suis prêt à courir le risque. On y va ?

L'Agent n'avait pas besoin qu'on le lui dise deux fois. Il ouvrit brutalement la porte avec un grand CLANG et se précipita dehors. Les autres lui emboîtèrent le pas, Amy Avis prenait des notes sur Érica tout en marchant, tandis qu'Érica chantonnait en les suivant à pas lents. L'Éléphant fermait la marche. Tout ce petit monde s'entassa dans la camionnette, et le VROUM du moteur lança le signal du départ.

Érica trouva qu'il était vraiment difficile de ne pas rigoler face à cet étrange groupe qui fonçait sur l'autoroute : une enquiquineuse recouverte de pois, un type incapable de sourire vraiment et qui possédait toutes les qualités d'un serpent, un Agent de police (qui avait maintenant arraché quasiment toute sa moustache à force de tirer dessus), une vieille dame minuscule, un Éléphant... et elle, Érica, assise au milieu de la camionnette, en train de chantonner. À l'extérieur, des voitures ordinaires les dépassaient en vrombissant, en route pour aller accomplir des choses ordinaires. À ce moment précis, elle songea qu'elle était plutôt heureuse qu'un Éléphant ait déboulé sur son paillasson et lui ait causé tous ces ennuis.

Lorsqu'ils débarquèrent de la camionnette, il pleuvait légèrement. Une pancarte rouge vif, « ZOO DU BORD DE MER », se balançait d'avant en arrière sur le parking, comme affligée par la grisaille autour. L'endroit était calme. Un peu trop calme. Aucun animal ne grognait, ni ne sifflait ou trompettait… et pas un humain ne faisait la queue à l'entrée. Il n'y avait que le grincement de la pancarte.

– Très bien, c'est le moment d'offrir une maison à cet animal ! s'exclama gaiement Amy Avis en faisant claquer ses talons jusqu'à l'entrée.

Les autres la suivirent, mais Oliver avait abandonné son sourire glacial et semblait s'être comme recroquevillé à l'intérieur, tel un serpent sur la défensive. Une adolescente vêtue d'un tee-shirt ZOO DU BORD DE MER accourut à sa rencontre. Son badge indiquait : SANDRA. COMMENT PUIS-JE VOUS AIDER ?

– Monsieur Drew, commença-t-elle. On a été obligés de refuser les visiteurs. Je crois bien que… quelque chose ne tourne pas rond avec les animaux.

– Comment ça ? Qu'est-ce que vous voulez dire ? fit Oliver d'une voix cassante.

– Peut-être que vous devriez venir voir par vous-même, suggéra la pauvre Sandra, qui travaillait comme caissière à mi-temps, et qui n'avait pas la moindre idée de ce qui avait bien pu arriver.

En effet, chaque animal du zoo s'était figé. Le petit groupe passa devant d'imposantes girafes pétrifiées, des piles de serpents silencieux, des pingouins recroquevillés, des singes qui pendaient des arbres tels de gros fruits velus. Ils clignaient des yeux et respiraient, mais aucun d'eux ne bougeait. La pluie en semblait presque déplacée, avec ses gouttelettes pressées et bruyantes qui claquaient contre le bitume.

– Ça fait deux heures qu'ils sont comme ça, Monsieur Drew, expliqua Sandra, les yeux écarquillés.

Oliver ne dit rien.

– Ils se sont tous arrêtés en même temps, poursuivit-elle, tandis qu'Oliver s'obstinait à garder le silence. Est-ce que ça pourrait être cette fameuse grippe des lémuriens ?

Oliver se taisait toujours, aussi Sandra rougit-elle et s'arrêta-t-elle de parler.

Ils atteignirent enfin le bout du parc zoologique, marqué par une serre aux papillons remplie de papillons parfaitement immobiles, éparpillés comme des emballages de bonbons. Oliver regarda Érica.

– Eh bien ? demanda-t-il.

– Je t'avais prévenu !

– Tu penses sérieusement que je vais croire à cette histoire de sort ?

– Tu peux croire ce que tu veux ! déclara Érica. Ce qui est sûr, c'est qu'ils ne bougeront pas tant que je ne leur dirai pas de le faire. Un petit conseil, Oliver : à l'avenir, veille à te faire des amis de ta taille. Les enfants sont compliqués.

Tandis que tous les adultes regardaient fixement Érica, l'Éléphant émit un grondement inaudible pour les humains. Seuls les autres éléphants du zoo savaient qu'il leur parlait. « MERCI », disait-il, ainsi que « Tenez-vous prêts ».

Au même moment, un troupeau de gens en

costume fit irruption dans la serre aux papillons, en agitant des carnets et des appareils photos.

– Cet homme travaille ici ! s'écria l'un d'eux, et ils se précipitèrent tous à sa suite. Vous êtes le directeur ? Quelques questions rapides !

– C'est pour *L'Écho du Soir*, Monsieur ! Pouvez-vous nous expliquer ce qui se passe ?

– Je travaille pour *Potins Quotidiens*, Monsieur. Pensez-vous que le zoo va rester ouvert ?

Oliver se redressa de toute sa hauteur.

– Qui a laissé entrer la presse ? demanda-t-il.

Sandra faisait tout pour paraître aussi immobile et innocente que les papillons, et surtout pour faire oublier qu'elle aurait dû se trouver derrière sa caisse. Érica, de son côté, entreprit d'expliquer très calmement aux journalistes stupéfaits qu'elle avait jeté un sort sur le parc zoologique pour obliger le directeur à lui rendre son Éléphant, tandis que Mademoiselle Pritchett racontait à qui voulait l'entendre à quel point Oliver était un sacré sale type.

LIVE
TV

À ce stade, Oliver commença à perdre son sang-froid.

– N'écrivez pas un mot de ce qu'elles disent ! Pas un mot ! Et qui vous a demandé de venir, d'abord ?

Les journalistes haussèrent les épaules et expliquèrent qu'ils avaient reçu un mystérieux coup de téléphone leur promettant un scoop incroyable. L'Agent se souvint alors des coups de fil que Mademoiselle Pritchett et Érica avaient demandé à passer la veille, et son visage vira au cramoisi.

– Bon, alors, il n'y a aucun scoop ! hurla Oliver. Il n'y a aucune histoire ! Il n'y a rien à voir ! Débarrassez-moi le plancher !

C'était faux de toute évidence, les journalistes restèrent-ils donc là, presque aussi immobiles que les animaux, tout en prenant des notes et des photos.

Oliver pivota pour faire face à Érica.

– Très bien. Imaginons un instant que j'accepte de croire que tu puisses être d'une quelconque manière impliquée dans tout cela… Comment pourrais-je arrêter ce cirque ?

– Tu le sais bien, Oliver, soupira Érica. Renonce à l'Éléphant.

– Mais, espèce de petite idiote… Si j'accepte, c'est un autre zoo qui s'en chargera à notre place !

– Dans ce cas, poursuivit Érica en se tournant vers les journalistes pour s'assurer qu'ils n'en rataient pas une miette, alors cet autre zoo subira le même sort.

« Même sort », écrivit une armée de stylos, tandis que l'Éléphant prenait joyeusement la pose pour les photographes.

– Oliver, les animaux se remettront à bouger dès que l'Éléphant franchira le pas de ma porte !

– Ridicule ! cracha Oliver.

Derrière lui, l'écho de la voix d'Amy Avis résonna faiblement :

– Ridicule !

Quant à l'Agent, il était parti s'allonger un court instant sur un banc juste à côté.

– Très bien, alors je vais vous montrer quelque chose ! déclara Érica.

Elle leva les bras au-dessus de sa tête et tapa cinq fois dans ses mains, très lentement. Derrière elle, l'Éléphant émit un grondement silencieux : « C'est parti ! » Quelque part dans le zoo, un autre éléphant **TRONK**a fortement ; les lions l'entendirent et rugirent ; les singes les entendirent et crièrent ; et les papillons se mirent à battre des ailes. Chaque animal du zoo s'étira et revint à la vie.

Érica frappa à nouveau dans ses mains, cinq fois. L'Éléphant poussa son grondement secret: « Stop ! » L'autre éléphant **TRONK**a le message au reste du zoo et, le temps qu'Érica finisse de taper des mains, chaque animal était de nouveau immobile. Tout le monde la regarda avec stupéfaction. Pour une fois, elle fut enchantée que personne ne se rende compte que l'Éléphant était capable de faire certaines choses de son côté... Personne, à l'exception de Mademoiselle Pritchett

et d'Érica, ne pouvait imaginer une seconde que les animaux se contentaient de faire ce qu'on leur demandait gentiment de faire.

Oliver était à présent blafard.

– Je vois, marmonna-t-il, ce qui était un mensonge.

Puis il ajouta :

– Bien.

Ensuite, après réflexion, il compléta par :

– Parfait.

Pour finir il se tourna vers Amy Avis et murmura presque :

– Madame Avis. Je suis au regret de ne pouvoir accepter cet Éléphant dans mon zoo.

Amy Avis hocha la tête en silence. Personne ne bougea.

– On ferait bien d'y aller ! déclara gaiement Mademoiselle Pritchett. Vous pouvez nous déposer avec votre petite camionnette ?

Sans attendre la réponse, elle trottina en direction du panneau qui annonçait : **SORTIE. SUIVEZ LA FLÈCHE. À TRÈS BIENTÔT !** Érica, l'Éléphant, Amy Avis et l'Agent de police épuisé la suivirent, laissant Oliver tout seul, tel un serpent sonné, entouré par ses papillons figés.

Une fois rentrés, Mademoiselle Pritchett, Érica et l'Éléphant d'Érica éclatèrent de rire. Ils rirent jusqu'à en pleurer !

Septième chapitre,

dans lequel la question se pose au sommet

Les titres de la presse firent leurs choux gras de l'histoire d'Érica et de son Éléphant le lendemain. *Le Chuchotis Matinal* annonça en une :

UNE FILLETTE DE DIX ANS FIGE UN ZOO

Bourdonnement Quotidien avait opté pour :

**PAS TOUCHE
À SON ÉLÉPHANT !**

Tandis que *L'Écho du soir* resta sur :

**LES CHANGEMENTS
DE LA RÉGLEMENTATION
SUR LES CRÉDITS ADOPTÉS
À UNE LARGE MAJORITÉ**

tout simplement parce que le rédacteur en chef pensait que cette histoire d'éléphant ne tenait pas debout. Ce jour-là, pas un seul exemplaire de *L'Écho* ne se vendit.

Comme vous pouvez l'imaginer, aucun zoo du pays ne voulut accueillir l'Éléphant après ça. Amy Avis téléphona aux uns et aux autres sans interruption durant neuf heures : tous les zoos, les fermes, les aquariums, les vétérinaires, les animaleries, les maisons-dotées-d'un-grand-terrain auxquels elle put penser...

– Mais il est impossible que cet animal reste chez une gamine de dix ans ! s'exclama-t-elle en dînant avec Monsieur Avis.

Monsieur Avis était un homme calme, qui avait renoncé depuis belle lurette à poser des questions du genre « Et pourquoi pas ? ». Il se contenta donc de mastiquer calmement sa tourte.

– VRAIMENT, c'est impossible ! insista-t-elle en tut-tuttant pour se donner de la contenance.

Elle eut beau faire des pieds et des mains, elle ne parvint ni à charmer ni à menacer quiconque suffisamment pour qu'il accepte de prendre l'Éléphant. Finalement, elle décida que toute cette affaire dépassait ses compétences. Il était temps de refiler le dossier Érica et son Éléphant à de plus hautes autorités. Elle téléphona donc à Érica et lui ordonna de se présenter sur-le-champ au ministère des Animaux et Chapeaux Exotiques, à Bloomsbury, Londres.

– Et prends ton Éléphant, lâcha-t-elle. Sinon, vous serez arrêtés tous les deux. On passera vous récupérer demain à neuf heures.

Érica, Mademoiselle Pritchett et l'Éléphant décidèrent immédiatement d'une réunion d'urgence, qui eut lieu autour de la table de la cuisine de Mademoiselle Pritchett. Il était évident que l'option de fuir et de se cacher était impossible maintenant qu'Érica et l'Éléphant étaient devenus célèbres. De plus, comme le fit remarquer Mademoiselle Pritchett, personne désormais ne voulait prendre l'Éléphant, et ça... même le Ministre ne pouvait rien y faire.

– Le Ministre a deux solutions, argumenta Mademoiselle Pritchett. Soit il te laisse le garder, soit il décide de lui rendre sa liberté. Alors va le rencontrer et plaide ta cause. Montre-lui que l'Éléphant est entre de bonnes mains avec toi, et il n'y a pas de raisons pour que tu ne récupères pas un Permis. Je pense qu'on a eu suffisamment de drames comme ça !

L'Éléphant **TRONK**a pour montrer qu'il était d'accord. Érica n'était pas aussi confiante, mais ce qui était sûr, c'est qu'ils ne pouvaient plus prendre la poudre d'escampette : tout le monde les reconnaîtrait. Elle décida donc d'obéir. Mademoiselle Pritchett promit de l'accompagner, pour témoigner qu'Érica se débrouillait très bien avec son Éléphant. D'autant, observa-t-elle, que l'on ne prend jamais en considération la parole des éléphants, et que l'on écoute rarement celle des enfants.

Le voyage vers Londres fascina l'Éléphant. Depuis la camionnette, il se mit à scruter tous les symboles de la capitale lorsqu'ils commencèrent à apparaître : le signe rond indiquant les stations de métro, les panneaux d'affichages publicitaires, les bus rouges et les rues bondées, qui abritaient quantité de boutiques et de bureaux. Puis, à mesure qu'ils pénétraient dans le cœur de la ville, le paysage se changea en bâtiments blancs sévères et en grands parcs endormis. Érica avait du mal

METRO
TELEPHONE

à apprécier le trajet autant que l'Éléphant. Elle ne pouvait pas s'empêcher de penser qu'elle était sur le chemin qui conduirait à leur séparation. Elle aurait presque souhaité qu'Amy Avis soit avec eux : c'était un peu étrange et même sinistre d'être dans cette camionnette sans ses « tut-tut » réguliers. De fait, ils étaient seuls avec l'Homme Numéro Un et un agent de sécurité.

Le ministère des Animaux et Chapeaux Exotiques était abrité dans un bâtiment blanc, coincé entre un cabinet dentaire et un cabinet d'avocats. On le repérait grâce à une plaque en cuivre avec les insignes du ministère, et une grande porte noire ornée d'un heurtoir en forme de tête de lion. L'Homme Numéro Un s'en servit pour signaler leur présence, et une femme avec un sourire immense vint leur ouvrir. Tandis que l'Homme Numéro Un repartait patienter dans la camionnette, Érica, Mademoiselle Pritchett et l'Éléphant furent conduits dans une salle d'attente assez sombre. Sur une table basse étaient disposés une pile de vieux magazines sur la vie sauvage, ainsi qu'un bouquet de fleurs flétries. Le plafond était un peu bas pour l'Éléphant.

Après ce qui leur parut une éternité, la femme souriante fit irruption dans la salle.

– Érica Perkins ? demanda-t-elle avec un enthousiasme déconcertant.

Tous les trois se levèrent et la suivirent dans un couloir jusqu'à une porte noire, maintenue ouverte au moyen d'une corbeille à papier.

– Bert, voici Mademoiselle Perkins, annonça-t-elle d'un air enchanté, un peu comme si elle avait annoncé : « Bert, voici le gâteau d'anniversaire ! », ou « Bert, voici un toboggan aquatique d'enfer ! »

Elle s'esquiva à nouveau, laissant le trio face à leur nouvel ennemi.

BERTRAM HUGGINS, indiquait un panneau sur la porte. Bertram Huggins était un homme presque chauve avec un visage bien rond, et des lunettes perchées sur le sommet du crâne. Il leur jeta un regard vague.

– Ah oui. La petite ensorceleuse d'éléphants. Entrez, venez vous asseoir.

Tous les trois s'avancèrent vers le bureau, mais Érica fut incapable de repérer une chaise qui n'était pas occupée par des piles de dossiers. Un grand désordre régnait dans la pièce.

– Érica Perkins, c'est bien ça ? Figure-toi que cette affreuse bonne femme, Madame Avis, m'a tut-tutté pendant des heures à ton sujet au téléphone ! Ton nom me disait bien quelque chose...

Il affichait un sourire aimable, sans pour autant les regarder directement. Il ne remarqua pas, par exemple, que l'Éléphant était discrètement resté coincé dans l'encadrement de la porte, et essayait à présent de se désincarcérer en marche arrière, tout en gardant une certaine dignité, dans la mesure du possible.

– Euh... Vraiment ? s'enquit Érica, sidérée.

– Oui, oui, bien sûr. Je me souviens parfaitement d'avoir rédigé le Permis. J'ai dû oublier de le mettre au courrier. Mais je suis certain de l'avoir établi...

L'Éléphant se décoinça de la porte en faisant un gros POP et bascula en arrière dans le couloir, où il décida d'attendre, l'air penaud. Bertram continua, sans même s'en apercevoir.

– Si je m'en souviens, c'est parce que je l'ai fait alors que j'avais ton oncle au téléphone. Il m'a dit qu'il ne fallait surtout pas oublier le

Permis et qu'il fallait que je m'en occupe SUR-LE-CHAMP ! J'ai pensé qu'il était un sacré enquiquineur. Mais, de fait, il avait raison de s'inquiéter...

Sur ces mots, il gloussa, comme s'il venait de faire une bonne blague.

– Vous connaissez Oncle Jeff ? s'étonna Érica en le dévisageant.

– Oh oui ! rétorqua Bertram. À une époque, on avait l'habitude d'aller observer les oiseaux

ensemble. Mais je n'ai plus assez de temps, maintenant ! J'ai des trucs à faire...

Et il désigna la pièce pleine de papiers, ce qui, d'après Érica, indiquait surtout à quel point les trucs restaient à faire.

Du coin de l'œil, Érica remarqua que Mademoiselle Pritchett s'apprêtait à dire à Bertram sa façon de penser. Et, visiblement, elle se préparait pour un long discours. Érica lui lança un regard qui signifiait : « Surtout pas ! » Elle-même avait une envie folle de reprocher à Bertram et à son air idiot tout ce que son étourderie avait pu causer, mais il n'avait pas l'air habitué à se faire secouer, et elle ne voulait surtout pas courir le moindre risque de gâcher l'opportunité merveilleuse, voire magique, qui s'offrait à elle. Elle était sur le point d'obtenir un Permis. Elle pourrait garder l'Éléphant. Elle foudroya donc Mademoiselle Pritchett du regard. La vieille dame fit la moue mais resta silencieuse.

Il fallut une dizaine de minutes à Bertram

pour dénicher le bon formulaire, et cinq autres minutes pour trouver un stylo. Et enfin, de manière incroyable, il signa là où il fallait et Érica récupéra vraiment un Permis pour son Éléphant. Bertram lui tendit le papier comme s'il s'agissait du journal de la veille.

– Est-ce que je peux faire autre chose pour toi, Érica ? Ton oncle se demandait comment tu allais...

Une centaine de questions se bousculaient dans la tête d'Érica : « Qu'a dit Oncle Jeff ? Comment avez-vous pu oublier mon Permis ? Vous savez que, sous votre autorité, des policiers n'hésitent pas à jeter en prison des petites filles et leurs amis ? » Mais elle demanda à la place :

– Pourquoi un ministère des Animaux ET DES CHAPEAUX Exotiques ?

Bertram sourit. Il ouvrit une commode juste derrière son bureau. À l'intérieur étaient stockés les chapeaux les plus abominables que l'on puisse imaginer.

– Certaines personnes, expliqua-t-il, portent des chapeaux vraiment hideux et exotiques. Quand j'ai accepté ce travail, j'ai exigé que l'on rajoute « Chapeaux » de façon à pouvoir confisquer les plus affreux.

– Amy Avis porte un horrible chapeau à pois en laine. Ça ressemble à une housse à théière qui aurait attrapé la varicelle, lui confia Érica.

– Vraiment ? dit Bertram, le regard soudain pétillant. Alors je ferais peut-être bien de lui envoyer une lettre assez ferme. Car je doute qu'elle ait un Permis approprié pour ça...

– Pardonnez-moi de vous interrompre avec la délicatesse d'un éléphant dans un magasin de porcelaine, dit sèchement Mademoiselle Pritchett, mais en l'occurrence... notre Éléphant est resté à la porte. Pourrions-nous l'informer de cette bonne nouvelle ?

Tous les trois se précipitèrent donc dans le couloir, où l'Éléphant contemplait assez tristement des affiches sur le mur. Érica se jeta sur lui pour tenter de le serrer dans ses bras.

– Éléphant ! On a le Permis ! Tu peux rester avec moi !

L'Éléphant **TRONK**a HOURRA ! Mais, curieusement, ça sonnait aussi un peu comme quelqu'un qui retient ses larmes.

– Éléphant ! Qu'est-ce qui ne va pas ?

Il **TRONK**a jovialement, comme pour dire « Rien ! », mais même Mademoiselle Pritchett et Bertram voyaient bien qu'il y avait quelque chose. Érica lui demanda si c'était son genou, ou la honte d'être resté coincé dans une porte, mais il secoua la tête. Elle le regarda droit dans les yeux, sans réussir à déterminer ce qui pouvait le chagriner, d'autant qu'il persistait à faire celui qui va bien.

– Érica, dit doucement Mademoiselle Pritchett. Regarde cette affiche...

Érica se tourna, laissant l'Éléphant derrière elle, et elle vit alors ce qu'il avait contemplé pendant le rendez-vous. C'était une photo de quatre

orissa
inde

éléphants. Trois adultes et un bébé, devant un magnifique ciel rose. **ORISSA, INDE**, stipulait la légende. Érica resta absorbée un long moment par cette image des éléphants et d'un coucher de soleil grandiose. Elle pensa au doux gris de sa plage de galets, aux sacs en plastique remplis de chou dans son salon déglingué, et à l'air perdu qu'avait eu l'Éléphant planté sur son paillasson, juste à côté des géraniums.

– Éléphant, dit-elle gentiment. Est-ce que tu as vraiment envie de rentrer avec moi ?

Il **TRONK**a : « Bien sûr ! », mais c'était un peu trop appuyé.

– Éléphant, si tu pouvais retourner en Inde... Est-ce que tu préférerais ?

L'Éléphant ne répondit pas, mais ses yeux allaient de l'affiche à Érica, et d'Érica à l'affiche. Il agitait sa trompe de manière confuse.

– On pourrait trouver une solution, avança Bertram. J'ai des contacts avec une réserve, dans l'État d'Orissa. Ils pourraient s'occuper de lui et l'aider à trouver un troupeau qui l'accepterait ?

Cette proposition sembla perturber l'Éléphant encore plus. Il se balançait d'une patte sur l'autre, fixant Érica d'un air suppliant, comme s'il préférait qu'elle décide pour lui.

– C'est à toi de choisir, déclara-t-elle aussi posément que possible. Tu peux vivre où tu le souhaites. Vraiment.

L'Éléphant marqua un temps d'arrêt. Puis il enroula sa trompe autour d'Érica pour lui faire un câlin écrasant.

– **TRONK**, dit-il.

Et il fut évident pour tous les trois que cela signifiait : « Je dois rentrer chez moi. »

Huitième chapitre,

les adieux

Et ce fut donc la décision que prit l'Éléphant. Ils retournèrent d'abord tous les trois à la maison, où Érica emballa les rideaux de lachambredonclejeff, pour qu'il puisse les emporter, au cas où il aurait froid (Érica avait vraiment l'esprit pratique, mais elle ne connaissait pas grand-chose sur l'Inde). Le soir précédant son départ, l'Éléphant se rendit dans la chambre d'Érica et

déposa à la porte un sac contenant du pain, des chips et une pomme.

– **TRONK**, dit-il fièrement.

– Le dîner ! Merci ! fit Érica avec un grand sourire.

Mademoiselle Pritchett les accompagna pour assister à son départ. Il avait un billet réservé sur un navire quittant Douvres à 11 h 30. Comme ils étaient en avance, ils s'achetèrent des chips et les mangèrent en regardant la mer. Ce mouvement des vagues était apaisant et familier. Érica pensa que chez elle, c'était ici.

À 11 h 25, ils se dirent au revoir, sans se préoccuper de tous ces gens qui s'arrêtaient pour photographier une petite fille qui serrait dans ses bras un Éléphant, pour lequel elle avait un Permis en règle, mais qu'elle aimait bien trop pour le retenir.

– Au revoir, Éléphant, dit-elle.

– **TRONK**, répondit-il, et ça signifiait bien plus que ce qu'Érica pourrait jamais traduire en mots.

Épilogue :

un petit mot d'Érica

Je viens juste de terminer de lire cette histoire à Mademoiselle Pritchett, et elle a semblé vraiment très contrariée.

Elle a 103 ans maintenant, et quand elle se fâche on a l'impression que son visage est tout chiffonné.

– Tu ne peux pas t'arrêter là ! a-t-elle protesté.

– Et pourquoi ? ai-je demandé.

– Mais parce que ce n'est pas la Fin ! m'a-t-elle reproché.

Je lui ai fait remarquer que rien n'était jamais la Fin, et qu'il fallait bien que j'arrête cette histoire à un moment. Nous avons parlementé un moment, et nous sommes finalement tombées d'accord sur le fait que je vous en raconte un peu plus dans un Épilogue. C'est un peu le même principe qu'un dessert : on n'en a pas vraiment besoin, mais c'est une manière agréable de terminer les choses.

Mademoiselle Pritchett avait raison, ce n'était pas tout à fait la Fin, bien sûr. C'est la dernière fois que j'ai vu l'Éléphant. Mais plus tard j'ai entamé des études de zoologie, et je suis devenue Professeur, et même une experte reconnue sur les éléphants. Donc, d'une certaine manière, l'Éléphant a en réalité été le Début de mon histoire. Par ailleurs j'ai emménagé avec Mademoiselle Pritchett après le départ de l'Éléphant, et je suis restée avec elle jusqu'à ce que je commence l'université ; donc, on peut dire que grâce à lui, je me suis fait une amie qui a vraiment compté pour moi. Oncle Jeff est rentré deux ans plus tard. Nous avons percé une porte entre les deux maisons et je passais de l'une à l'autre quand je le voulais. Grâce à cela, je connais maintenant à peu près tout sur les oiseaux, les fourmis et les éléphants.

Mais ce ne fut pas la Fin pour l'Éléphant non plus. On pourrait dire que ce fut plutôt le Milieu. Avant d'atterrir sur mon paillasson, il avait vécu à l'état sauvage avec son troupeau, avant de promener des gens dans les villes. Puis il a passé un court séjour en Angleterre avant de retrouver un nouveau troupeau en Inde. Donc, d'une certaine manière, vivre avec moi, c'était un peu comme la confiture qu'on trouve au milieu d'un gâteau. De ce que j'en sais aujourd'hui, je dirais qu'il devait avoir environ dix ans à l'époque de notre rencontre, ce qui signifie qu'il lui restait encore une cinquantaine ou une soixantaine d'années devant lui. Ce n'était donc pas du tout la Fin de l'histoire pour lui non plus.

De toute façon, cette histoire n'est pas l'histoire de nos vies entières. C'est juste l'histoire d'une fillette qui a un jour accueilli un éléphant – ou d'un éléphant qui a un jour accueilli une fillette – et du temps qu'ils ont passé ensemble. Si vous voulez connaître la suite, il faudra aller jusqu'à l'État d'Orissa et chercher l'Éléphant qui boite un peu pour lui poser la question. Je suis sûre qu'il vous fera à peu près la même réponse que moi : quand on offre son cœur entier à quelqu'un, l'histoire ne prend jamais vraiment fin, parce qu'elle devient une partie de nous-mêmes pour toujours. Mais pour l'instant, ou en ce qui concerne notre courte histoire, on peut malgré tout écrire le mot :

FIN

TRONK !

À propos des éléphants

À la fin de cette histoire, l'Éléphant repart en Inde. Voici quelques informations sur les éléphants qui vivent là-bas.

– Il existe deux espèces d'éléphants : l'éléphant d'Asie et l'éléphant d'Afrique (celui d'Érica est un éléphant d'Asie).

– Les éléphants sont les plus gros animaux terrestres du monde.

– Les éléphants ne peuvent pas sauter !

– Les éléphants peuvent utiliser leurs défenses pour creuser la terre à la recherche d'eau. Un éléphant adulte doit boire environ 210 litres d'eau par jour (en comparaison, un humain ne boit que 2 litres par jour).

– Les éléphants utilisent leur trompe pour soulever la nourriture et pour aspirer l'eau, qu'ils déversent ensuite dans leur bouche. Une trompe comporte plus de 40 000 muscles !

– Les éléphants sont plus à l'aise avec l'une de leurs deux défenses. Un peu comme les gens sont gauchers ou droitiers !

– Les éléphants possèdent des oreilles larges et fines, dont ils se servent pour se rafraîchir dans les climats chauds.

– Les éléphants savent nager. Ils utilisent leur trompe comme un tuba pour respirer en eaux profondes.

– Les éléphants se servent de leurs pieds pour entendre. Exactement comme dans cette histoire, ils sont capables de percevoir des sons produits par d'autres éléphants grâce aux vibrations dans le sol.

– Les éléphants sont herbivores (ils ne mangent pas de viande). Ils peuvent passer jusqu'à 16 heures par jour à ramasser des feuilles, des brindilles, des bambous et des racines.

– Les éléphants sont des animaux très sociaux.

Ils se « câlinent » parfois en nouant leurs trompes ensemble pour se témoigner leur affection.

– Les éléphants ont des sortes de cérémonies de bienvenue pour accueillir un ami qui revient dans le troupeau après une longue absence. Ce qui signifie que l'Éléphant d'Érica a probablement eu droit à une sacrée fête quand il est arrivé en Inde !

Remerciements

J'ai vraiment de la chance : de nombreuses personnes très intelligentes m'ont aidée au cours de l'écriture de ce livre ! Par ordre chronologique, j'adresse d'éléphantesques remerciements à :

Dylan Townley, qui m'a envoyé un message me promettant « un éléphant décoré avec du thé », ce qui a titillé mon imagination. Le thé s'est perdu en chemin, mais l'Éléphant s'est accroché et a tout bousculé ;

Alice Winn et Julie Sullivan, qui m'ont prodigué des encouragements fondamentaux et des conseils pratiques ;

l'adorable Bryony Woods, qui a accepté de devenir mon agent en dépit du fait que je me suis perdue lors de notre premier rendez-vous, et qui est par la suite devenue une Force Irrépressible ;

l'équipe incroyable de Scholastic : en particulier Lucy Richardson, Sean Williams et Pete Matthews.

Un méga **TRONK** à Lucy Rogers, super éditrice et consœur de Poufsouffle, pour son travail acharné et son soutien.

Et enfin, un remerciement tout particulier à Ashley King, pour ses illustrations joyeuses, et pour m'avoir dessiné le portrait d'Érica à Noël.

Si j'avais une trompe, je m'en servirais pour vous serrer tous ensemble contre moi !

Impression réalisée par Rotolito Lombarda (Italie)
en septembre 2017
pour le compte des éditions Bayard